«La tesis de este libro es simple pero pr~~ofunda. D~~... muchas "salas de espera" de la vida, ~~...~~ anhelo para acercarnos a Él. Profund~~a...~~ este es un libro que todo cristiano deb~~e...~~ **Timothy George**, decano fundado~~r...~~ editor general, colección *Reforma~~...~~

«Todos estamos en una época de espera, aun en los momentos en que creemos que hemos llegado. Betsy Childs Howard expresa una verdad reconfortante para nuestros corazones ansiosos, especialmente cuando nos preocupa que la espera no termine nunca. ¿Qué estás esperando? ¡Consigue un ejemplar de este libro y pídele a algún amigo que lo lea contigo!».

**Gloria Furman,** esposa de pastor, iglesia Redeemer Church of Dubai; escritora, *The Pastor's Wife* [La esposa del pastor] y *Madres con una misión*

«Betsy nos guía con fuerza y bondad a través de algunas de las épocas más difíciles de espera, y nos señala a Cristo. Este libro será una gran fuente de ánimo para muchas. Espero que lo leas y te acerques a tu Salvador que te ve, te ama y se preocupa por ti en cada situación».

**Jessica Thompson,** escritora, *Everyday Grace* [Gracia cotidiana]; coautora, *Give Them Grace* [Concédeles gracia]

«Sin importar quién seas, estás esperando algo. Por cierto, el cristianismo es una religión de espera, ya que anhelamos con ansias el regreso de Cristo. No conozco un libro mejor sobre el tema que este de Betsy Childs Howard, una de mis escritoras favoritas».

**Collin Hansen,** directora editorial, Coalición por el Evangelio; escritora, *Blind Spots* [Puntos ciegos]

«La espera es difícil y confusa; y a veces, anhelamos cuestiones buenas, como el matrimonio o los hijos. Betsy Childs Howard ha provisto un excelente recurso para ayudarnos a esperar bien. No dispensa los consabidos consejos de "guarda tu corazón" y "conténtate". En cambio, con mucha gracia nos muestra cómo Dios está obrando en nuestra espera a través de las parábolas de Jesús, las historias de otros y las promesas maravillosas en la Palabra de Dios. Él tiene un propósito más grande de lo que podríamos esperar o imaginar, y Howard nos lleva de la mano para ayudarnos a ver esta verdad. No te arrepentirás de haber elegido este libro».

**Trillia Newbell,** escritora, *Enjoy*, *Fear and Faith* [El disfrute, el temor y la fe] y *United* [Unidos]

«Betsy Childs Howard nos brinda un mensaje sumamente necesario para fortalecernos en cada clase de espera. Transforma nuestra comprensión desde la creencia de que no estamos recibiendo lo que merecemos a una esperanza en la vida mejor que nos espera en Cristo. Retira el aislamiento que sentimos en medio de la espera y nos ayuda a ver que todos estamos esperando algo en esta vida, pero lo que es más importante, todos estamos esperando el regreso del Rey Jesús».

**Courtney Reissig,** esposa; mamá; editora auxiliar, The Council on Biblical Manhood and Womanhood; escritora, *The Accidental Feminist* [Feminista por accidente]

«Betsy Childs Howard invita a las lectoras a acercarse y conectar con las historias reales que se centran en la historia bíblica de redención en Jesucristo. Al señalar a la esperanza en el evangelio, este libro no minimiza nuestra dolorosa espera presente, sino que fortalece al que aguarda e ilumina la espera con la presencia de Cristo».

**Kathleen B. Nielson,** directora de iniciativas femeninas, Coalición por el Evangelio

«Betsy Childs Howard escribe con una empatía tierna por aquellos que esperan con anhelos profundos e insatisfechos. Muestra el camino para alejarse de la desesperación y dirigirse a una esperanza imperecedera. Un corazón humilde puede tener contentamiento y dolor juntos de manera que honre al Señor en su dependencia de Él, aun al señalar al regreso de Cristo, cuando todos nuestros anhelos se satisfagan en Él. Como habitamos el tiempo con un pasado y un futuro, siempre estamos esperando *algo*. Howard nos recuerda en forma poderosa, desde la Escritura, que según la sabiduría divina, es bueno esperar».

**Candice Watters,** cofundadora, Boundless.org; escritora, *Get Married: What Women Can Do to Help It Happen* [Casarse: Qué pueden hacer las mujeres para ayudar a que suceda]

«Betsy ha escrito un libro cálido y saleroso que pueden disfrutar todas aquellas que estén esperando en Dios por diversas circunstancias. Aun si nuestra espera se caracteriza por un anhelo doloroso, Betsy nos anima diciendo que, si el anhelo doloroso está anclado en una confianza firme en la bondad de Dios, estamos esperando bien. Abre este libro y encontrarás mucho ánimo para saber cómo hacerlo».

**Carolyn McCulley,** cineasta; oradora; escritora, *The Measure of Success* [La medida del éxito], *Radical Womanhood* [Femineidad radical], y *Did I Kiss Marriage Goodbye?* [¿Me despedí del matrimonio?]

# Tiempos de espera

## CAMINAR POR FE CUANDO LOS SUEÑOS SE RETRASAN

*Betsy Childs Howard*

# Tiempos de espera

## CAMINAR POR FE CUANDO LOS SUEÑOS SE RETRASAN

### Betsy Childs Howard

B&H
ESPAÑOL
BRENTWOOD, TENNESSEE

Para B. N.,
alguien que valió la pena esperar y con el cual
es una alegría esperar mientras anhelamos
juntos la venida de Cristo.

# Contenido

# Prefacio

¿Qué anhela tu corazón?

Si tomaste en tus manos este libro, es probable que no te cueste responder a esa pregunta. La mayoría de las mujeres están esperando algo, pero la espera de algunas es intensa. Lo que les falta en la vida es tan marcado que no están seguras de si podrán sentirse completas sin ello.

Si eso te describe, ya conoces la verdad de aquel proverbio: «La esperanza que se demora enferma el corazón» (Prov. 13:12). Es mucho más fácil dejar de esperar que soportar que tu sueño se demore una y otra vez. Por supuesto, aquellos que han nacido de nuevo en Cristo tienen la esperanza segura y certera de la plenitud de gozo en la presencia eterna de Dios, pero todavía no estamos ahí. Mientras tanto, ¿qué hacemos?

Este libro intenta ayudarte a responder esa pregunta. Espero que leas todos los capítulos, no tan solo uno o dos que se apliquen a lo que más estás esperando. Creo firmemente que para florecer en nuestras muchas épocas de espera, necesitamos el apoyo de mujeres en otras etapas de la vida, que tienen distintas luchas y distintos puntos fuertes. Te animo a buscar a otras mujeres que están esperando, a encontrar el aliento mutuo y ayudarse unas a otras a esperar bien.

Este libro habla de «épocas» de espera, pero soy plenamente consciente de que tu época de espera tal vez no termine en esta vida. Aun si ese es el caso, si eres creyente en Jesús, tu espera sigue siendo solo por una época, porque esta vida en la tierra es tan solo la antesala a la vida que vendrá. Está bien que anhelemos aquel día. Espero que este libro genere en ti un deseo de esperar con ansias el regreso de Jesús y la plenitud del reino de Dios.

# 1

# La escuela de la espera

Para aquellos que han visto
Al Niño, no importa cuán débilmente, no importa
  cuán incrédulamente,
El tiempo presente es, en cierto sentido, el momento
  más difícil de todos.

W. H. Auden, «*For the Time Being*» [Por ahora]

El esposo de Betty, un maestro de poco más de sesenta años, acaba de perder su trabajo. No están financieramente listos para jubilarse, pero pocas escuelas quieren contratar a un maestro de más de sesenta años. Están orando para que Dios provea un nuevo trabajo, pero no saben cuándo o en dónde podrá ser.

Grace y su esposo no ven la hora de tener un bebé. Les está llevando más tiempo de lo que ella quisiera. Grace tiene antecedentes de problemas de tiroides, y es posible que eso afecte su capacidad de concebir. No sabe si su anhelo de un bebé se extenderá por años o si su próxima prueba de embarazo será positiva.

Catherine tiene parálisis cerebral. Durante la mayor parte de su vida, ha sido bastante independiente, pero ahora está confinada a una silla de ruedas y tiene problemas recurrentes con una herida en un pie que no sana. Se pasa el tiempo yendo a distintos médicos, pero ninguno ha podido curar su herida dolorosa y debilitante.

Estas mujeres son todas amigas mías.[1] Sus situaciones de vida son muy diferentes, pero cada una está esperando algo en Dios. Ninguna sabe cuánto durará su espera o por qué Dios les está pidiendo que esperen. Son alumnas de la escuela de la espera.

··········

Cuando estaba en la escuela era una estudiante esmerada. Me esforzaba y aprendía mis lecciones porque los alumnos que aprenden agradan a sus maestros y avanzan a nuevas tareas.

En cuanto a la vida, hay una parte de mí que quiere agradar a Dios de la misma manera en que intentaba agradar a mis maestros. Cuando surge alguna prueba, supongo que Dios la ha enviado y que quiere que aprenda algo de ella antes de pasar a la siguiente tarea. Esta clase de pensamiento me ayuda a avanzar con pesadez, con la esperanza de que la prueba termine en breve si yo cumplo con mi papel de alumna aplicada. Pero esta clase de pensamiento no me sirve cuando Dios me lleva a la escuela de la espera.

Verás, para Dios, el objetivo de esta escuela no es que aprenda la lección para dejar de esperar. Dios quiere que aprenda a esperar para que pueda *esperar bien,* aun si la espera sigue durante el resto de mi vida. Mientras que mi plan es mantener una actitud alegre y mostrarle a Dios que soy una buena alumna para que Él termine con mi espera, el Señor quiere algo aún mejor para mí. En vez de terminar con mi espera, Él desea bendecirla.

En su libro *Waiting on God* [A la espera de Dios], Andrew Murray explica la instrucción bondadosa de Dios:

Cuando entramos por primera vez en la escuela de espera en Dios, el corazón está puesto principalmente en las bendiciones que esperamos. Con gracia, Dios usa nuestras necesidades y deseos de ayudar para instruirnos y llegar a algo más alto de lo que pensábamos. Estábamos buscando regalos; Él, el Dador, anhela dar de sí mismo y satisfacer el alma con Su bondad. Por eso mismo suele retener los regalos y dejar que el tiempo de espera sea tan largo. Constantemente está intentando ganar el corazón de Sus hijos para sí. Desea que, cuando nos concede el regalo, no solo digamos: «¡Qué bueno es Dios!», sino que mucho antes de que este llegue, e incluso aunque nunca llegue, todo el tiempo experimentemos que es bueno que un hombre espere con tranquilidad. «Bueno es el Señor para los que en Él esperan».

Entonces, la vida de espera se vuelve de gran bendición, con una alabanza continua de fe, adoración y confianza en Su bondad. A medida que el alma aprende su secreto, cada acto o ejercicio de espera se transforma en una simple entrada tranquila a la bondad de Dios, y le permite hacer su bendita obra y satisfacer todas nuestras necesidades.[2]

Dios está obrando en nuestra espera.

Tal vez hayas elegido este libro con la esperanza de que te ayude a aprender la lección (y por lo tanto, termine la espera). Mi esperanza es que te ayude a aprender a amar la espera, a querer esperar bien y a ver que Dios tiene un hermoso propósito para el reino que está cumpliendo a través (y no a pesar) de tu espera.

## El propósito que ya conocías

Dudo que te resulte nueva la idea de que esperar en Dios puede tener un propósito. Si conoces la doctrina de la santificación, ya sabes que Dios puede usar cualquier experiencia para hacerte cada vez más parecido a Él. Por ejemplo, en el libro de Santiago se nos manda a considerar las pruebas como una alegría, sabiendo que la prueba de la fe produce paciencia (Sant. 1:2-3). La espera, sin duda, puede ser una prueba de fe, y estos versículos prometen que puede generar un carácter paciente.

De manera similar, la carta a los Hebreos habla de la obra santificadora de la disciplina de Dios. Afirma que la disciplina lleva a la santidad, y que produce «fruto apacible de justicia» (Heb. 12:9-11). Esperar es parte de la disciplina, ¿no es cierto? La disciplina de un niño supone enseñarle a esperar su turno o un postre. No es bueno que un niño obtenga todo lo que quiere. De la misma manera, la disciplina de Dios a través de la espera es buena para nosotros y lleva a una paz más profunda y a buenos frutos en nuestras vidas.

Esperar pone en evidencia nuestros ídolos y le arroja una llave inglesa a nuestros mecanismos de defensa. Nos lleva hasta el límite de lo que podemos controlar y nos obliga a clamar a Dios. Él no malgasta nuestra espera. La usa para conformarnos a la imagen de Su Hijo.

Pero la santificación no es el único propósito que Dios tiene en mente cuando nos lleva a la escuela de la espera. Cuando esperamos, Dios nos da la oportunidad de vivir una historia que representa el evangelio y sirve como parábola del reino.

## Cada historia susurra Su nombre

Familias en todo el mundo han llegado a amar la *Biblia para niños: Historias de Jesús*, de Sally Lloyd-Jones. Confieso que, aunque no tengo hijos, tengo mi propio ejemplar y me ha bendecido en gran manera. En la Biblia *Historias de Jesús*, Sally Lloyd-Jones escribe:

> Hay muchas historias en la Biblia, pero todas cuentan una Gran Historia. La historia de cómo Dios ama a Sus hijos y viene a rescatarlos.
>
> Hace falta toda la Biblia para contar esta historia. Y en el centro de la historia, hay un bebé. Cada historia en la Biblia susurra Su nombre. Es como la pieza faltante de un rompecabezas; la pieza que hace que todas las demás encajen, y de repente, se puede ver una bella imagen.[3]

De a una historia a la vez, Lloyd-Jones muestra cómo cada una de las historias del Antiguo Testamento señalan de alguna manera a Jesús. El carnero atrapado entre matorrales que recibió Abraham para el sacrificio no es lo único que señala al Cordero de Dios, ¡sino que la torre de Babel y la sanidad de Naamán también señalan a Cristo!

Una razón por la que me encanta la *Biblia para niños: Historias de Jesús* es que muestra el impulso del Antiguo Testamento orientado al futuro. Las historias del Antiguo

Testamento no son relatos aislados. Más bien, se desarrollan como una alfombra roja para recibir a un rey. Jesús es el sacrificio representado en la Pascua, el Libertador anunciado en Moisés, y el Rey prefigurado en David.

La espera es algo prominente en muchas de las historias del Antiguo Testamento. Moisés esperó que el faraón liberara al pueblo de Dios. José esperó en una celda de prisión. Ana esperó un bebé. Estas historias son verdaderas, pero también son versiones a menor escala de una historia más grande: Israel estaba esperando que Dios cumpliera Sus promesas.

Dios cumplió Sus promesas de enviar a un libertador, el Mesías, al enviar a Su Hijo Jesús. Aun así, no dejó de usar historias sobre la espera para contar Su historia, porque la espera todavía no terminó. Jesús murió y resucitó, y luego ascendió a sentarse a la diestra de Dios, donde está hoy. El Nuevo Testamento muestra al Jesús ascendido como el Novio que se ha ido pero volverá (Mat. 25:1-13; Mar. 2:20). Nuestra espera es diferente de este lado de la cruz. Ahora, sabemos a quién estamos esperando, aunque la espera no sea fácil. Nuestra fe debería tener un impulso hacia el futuro, así como había un impulso futuro en las historias del Antiguo Testamento.

Todavía estamos esperando como esperaron nuestros personajes favoritos de la Biblia. Algunas estamos esperando un novio. Otras estamos esperando un bebé. Algunas esperan un hogar. Hay quienes esperan a un hijo o un esposo pródigo. Algunas esperan sanidad y el final del dolor. Pero lo más importante es que todas estamos esperando el regreso de Jesús.

Hasta que vino el Mesías, las historias de la Escritura sobre la espera les recordaban a los antiguos creyentes del pacto que no todo estaba bien en el mundo. Los pactos matrimoniales se quebraban. Los vientres permanecían vacíos. Israel necesitaba ser reconciliada con Dios.

De la misma manera, nuestra espera debería recordarnos a nosotras y a todos los nuevos creyentes del pacto que *no todo está bien en el mundo*. Aunque Jesús murió y resucitó, todavía no volvió. Pablo describe esta segunda venida de Cristo de la siguiente manera: «Entonces vendrá el fin, cuando Él entregue el reino al Dios y Padre, después que haya abolido todo dominio y toda autoridad y poder. Pues Cristo debe reinar hasta que haya puesto a todos sus enemigos debajo de sus pies» (1 Cor. 15:24-25). Todavía estamos esperando esa victoria.

### ¿No debería contentarme?

Si tu espera se caracteriza por un anhelo doloroso, quizás te sientas culpable. Se supone que debemos contentarnos con la vida que Dios nos ha dado, ¿no? Si me consume el deseo de algo que no me ha dado, entonces eso seguramente es un descontento pecaminoso, ¿no es cierto?

Sí y no. Sí, nuestra espera debería apoyarse en una confianza firme en la bondad de Dios. Tenemos que creer con determinación que Dios es nuestro Padre amoroso que solo nos da lo que es bueno (Mat. 7:7-11). Podemos saber con certeza que «su divino poder nos ha concedido todo cuanto concierne a la vida y a la piedad» (2 Ped. 1:3). Al igual que el apóstol Pablo, nuestro contentamiento debe basarse en la suficiencia de Cristo, no en circunstancias satisfactorias temporales (Fil. 4:10-13).

A pesar de estas verdades, un anhelo persistente no significa que estés sucumbiendo a un descontento pecaminoso. El mismo Pablo que escribió que había aprendido a contentarse en toda situación escribió también que tenía «gran tristeza y continuo dolor en [su] corazón» (Rom. 9:2) cuando consideraba a sus compatriotas judíos que habían rechazado el evangelio. Esperar bien no siempre implica esperar sin dolor.

¿Qué habría pasado si Ana se hubiera resignado a su infertilidad, en lugar de derramar sus oraciones ante Dios con lágrimas? ¿Y si el padre del hijo pródigo se hubiera secado las lágrimas y seguido adelante, en vez de mirar el horizonte y esperar que su obstinado hijo regresara a casa? ¿Qué habría pasado si Oseas, en vez de lamentarse por la infidelidad de su esposa, hubiera proclamado que esta era la voluntad de Dios y que probablemente estaba mejor sin ella?

Si estos personajes bíblicos hubieran sofocado su dolor y fingido una sonrisa, nos faltarían las profundas notas de bajo que le aportan al evangelio esa resonancia tan dulce. Sin lágrimas, la promesa de que Dios «enjugará toda lágrima de sus ojos» (Apoc. 21:4) sería innecesaria.

## Tu espera es una parábola

En este libro, hablaré de cinco situaciones de vida que suponen una espera dolorosa. Elegí estas cinco áreas porque son temas bíblicos prominentes, pero también son situaciones que siguen siendo comunes para el pueblo de Dios. Si estás esperando un cónyuge que todavía no ha aparecido, un embarazo que no has podido concebir o llevar a término, una sanidad que tal vez llegue o no, un hogar que no tengas que abandonar o un hijo o esposo pródigo que regrese, estás viviendo una parábola. Una parábola es una historia con un propósito. La historia de tu espera puede mostrar —a ti y a otros— la historia de la salvación de Dios, tanto hasta ahora como en el futuro.

Si esto te resulta extraño, considera algunas de las situaciones de vida que se suelen reconocer como representaciones del evangelio. ¿A cuántas bodas has asistido donde el ministro le haya dicho a la pareja que su matrimonio representa a Cristo y a la iglesia? Esta idea viene directamente de la Biblia; específicamente, de Efesios 5:22-23. Pablo les dice a los efesios que el amor que un esposo le muestra a su esposa —un amor que pone las necesidades de ella por encima de las de él— representa el amor que Cristo tiene por la iglesia. Por otro lado, la esposa que se somete a su esposo representa la sumisión confiada de la iglesia al liderazgo de Cristo.

O tomemos la adopción. En Romanos 8:14-17, Pablo explica que los que han creído en Jesús han sido adoptados por Su Padre a la familia de Dios. Recibimos el derecho de acudir a Él, y Él nos transformó en Sus herederos. La adopción le da a un niño todos los derechos y privilegios de alguien que nace en una familia. Los padres adoptivos son un retrato poderoso del amor de Dios, al decidir transformar en propio algo que antes no lo era. Son una parábola de nuestro Dios que tomó a un pueblo (Israel) y lo hizo suyo, y que toma a personas (nosotras) y las transforma en Sus hijas amadas.

A lo largo de las Escrituras, Dios usa distintas analogías e imágenes que representan la espera en el Señor. En el libro de Santiago, compara esperar el regreso del Señor con esperar una cosecha:

> Por tanto, hermanos, sed pacientes hasta la venida del Señor. Mirad cómo el labrador espera el fruto precioso de la tierra, siendo paciente en ello hasta que recibe la lluvia temprana y la tardía. Sed también vosotros pacientes;

fortaleced vuestros corazones, porque la venida del Señor está cerca. (Sant. 5:7-8)

Cada vez que un agricultor siembra su campo, quita las malezas de su jardín o riega una cosecha que todavía no tiene fruto, es una imagen viva de cómo deberíamos esperar el regreso del Señor. Debemos ser pacientes y esperar en lo que todavía no vemos.

En general, los labradores tienen una idea de cuánto tardarán en crecer sus cultivos. Las lluvias tardías pueden demorar la cosecha unas semanas, pero no meses ni años. Creo que la paciencia es un poco más fácil cuando tienes alguna idea de cuánto durará la espera. En las épocas de las que hablaremos en este libro, en general no sabemos cuánto estaremos esperando. ¡Por eso es tan difícil esperar! La espera puede durar toda la vida. Pero en ese caso, nuestra espera es incluso una mejor parábola de lo que significa esperar la venida del Señor. Cristo podría regresar mañana, o quizás no regrese en toda nuestra vida. Un componente clave de la espera cristiana es aprender a ser vigilantes sin volvernos impacientes o cínicas.

## Las parábolas pueden pasarse por alto

La gente suele pensar que Jesús hablaba en parábolas para que la verdad fuera más fácil de entender. Pero la Biblia presenta las parábolas como historias con significado que puede pasarse por alto fácilmente. Cuando los discípulos de Jesús le preguntaron por qué enseñaba en parábolas, Él dejó en claro que no eran tan solo ilustraciones:

Y respondiendo Él, les dijo: Porque a vosotros se os ha concedido conocer los misterios del reino de los cielos, pero a ellos no se les ha concedido. Porque a cualquiera que tiene, se le dará más, y tendrá en abundancia; pero a cualquiera que no tiene, aun lo que tiene se le quitará. Por eso les hablo en parábolas; porque viendo no ven, y oyendo no oyen ni entienden. (Mat. 13:11-13)

Verás, las parábolas revelan, pero también ocultan. Los que tienen un corazón despierto por el Espíritu tienen ojos para ver el reino de los cielos; saben cómo mirar una analogía terrenal y ver el significado celestial que yace detrás. Los que tienen un corazón endurecido no pueden ver más allá de la analogía. Escuchan la historia pero pasan por alto el punto. Son como bebés que se quedan mirando un dedo que señala en lugar de entender a qué señala.

Las parábolas son símbolos que pueden tomarse en cuenta o pasarse por alto por completo. El reino de Dios permanece escondido a menos que tengas los ojos para verlo. Para aquellos que no tienen oídos para oír, tanto la buena noticia como las verdades difíciles de una parábola entran por un oído y salen por el otro.

Dios te ha dado una parábola. Cada clase distinta de espera arroja luz sobre una faceta diferente de la historia del evangelio. Solo aquellos que han recibido ojos para ver y oídos para oír pueden percibir la imagen redentora que Dios pinta a través de nuestra espera.

En toda historia de espera justa, Dios ha escondido los secretos del reino de los cielos. Tu espera debe ser un testigo no solo para ti, sino también para un mundo que observa. ¿Tienes oídos para oír? ¿Serás una alumna dispuesta en la escuela de la espera?

## ¿Cuál es la historia de Dios?

Una clave para ver tu vida como una parábola —es decir, para entender cómo tu historia representa la historia de Dios— es conocer cuál es la historia de Dios. Su historia empezó antes de la fundación del mundo y se extiende hacia la eternidad. Se cuenta en los sesenta y seis libros de la Escritura que conforman la Biblia. Es imposible hacerle justicia a la historia en tan solo unas pocas páginas, pero aquí tienes una sinopsis.

Dios creó a Adán y a Eva en un mundo bueno donde todas sus necesidades estaban cubiertas. Cuando desobedecieron a Dios, el pecado entró en el mundo, y junto con él, entraron la muerte, las enfermedades y el deterioro. Toda la tierra quedó bajo maldición. Cada uno de los hijos de Adán y Eva nació con la misma naturaleza maldita, de manera que se sentían irresistiblemente atraídos al pecado.

Dios eligió a uno de esos descendientes, Abraham, y lo separó de todos los demás. Le hizo tres promesas: darle hijos, bendecir a las naciones a través de esos hijos y darles a esos hijos una tierra que sería suya para siempre.

A través de las generaciones, Dios añadió a estas promesas, de manera que se volvió claro que la promesa de Dios a Abraham se cumpliría no solo a través de los hijos en general, sino mediante un descendiente muy especial. Dios envió profetas a Israel (los descendientes de Abraham a través de su nieto Jacob), que hablaron sobre un ungido, el Mesías, que salvaría a Su pueblo de sus pecados.

A veces, el pueblo de Israel creía en esas promesas. Otras, no creía y adoraba a otros dioses. Dios les dio la tierra de Canaán, tal como le había prometido a Abraham, pero cuando Israel sirvió a otros dioses, se las quitó durante setenta años. Incluso después de que Israel regresara a la tierra de Canaán, el niño profetizado seguía sin aparecer. Al final, hasta los profetas quedaron en silencio. Los hijos de Abraham habían esperado este hijo prometido durante casi dos mil años.

Entonces, después de todo ese tiempo, una mujer de Nazaret dio a luz a un bebé llamado Jesús. Aunque parecía el hijo común y corriente de un carpintero, era el Hijo de Dios, el Mesías prometido que Israel había estado esperando. Vivió en la tierra, sanando a los enfermos y resucitando a los muertos. Y justo cuando parecía que Su ministerio estaba despegando, los gobernantes de Jerusalén lo mataron.

Pero nadie puede frustrar los planes de Dios. Jesús aceptó el castigo que nosotras merecíamos por nuestros pecados, de manera que todo el que acepta Su sacrificio a su favor jamás tenga que enfrentar la ira de Dios. Al morir, Jesús destruyó la muerte y rompió la maldición del pecado bajo la cual habían vivido los descendientes de Adán. Mostró Su poder sobre la muerte al resucitar después de tres días. Permaneció en la tierra otros cuarenta días antes de ascender al cielo para tomar Su lugar junto a Dios el Padre. Dejó a Sus seguidores con la promesa de que regresaría a la tierra y arreglaría todo lo que está mal en el mundo. Les daría una tierra de la cual nunca tuvieran que irse, y estaría libre de muerte, enfermedades y decadencia.

Ya sabemos cuál será el final de la historia, pero lo aguardamos sin saber cuándo llegará. Tal vez llegue durante nuestra vida. Nadie sabe el día ni la hora en que llegará; solo Dios el Padre los conoce.

Entonces, esperamos.

## 2

# A la espera de un esposo

Toma tú mi amor, mi Señor,
que hoy a tus pies vengo a poner.

Frances Ridley Havergal,
*«Que mi vida entera esté»*

Desde que tengo memoria, Katy ha querido casarse. Su objetivo profesional número uno siempre fue ser la madre de una gran familia. Leyó libros sobre matrimonio y crianza cuando era adolescente. Cuando todavía no había nadie significativo en su vida después de la universidad, se inscribió en cursos de posgrado con cierta reticencia, preocupada de que seguir estudiando pudiera restarle a sus años de maternidad si el hombre indicado aparecía.

A pesar de esto, se encuentra con más de treinta años y sin perspectivas de un esposo. Muchas de sus compañeras que tenían otras aspiraciones profesionales tuvieron que ajustarlas cuando se casaron y tuvieron hijos, mientras que ella tuvo la libertad de seguir la carrera que quiso. Cualquier carrera, claro, menos la que ella más quiere. A veces, parecería como si nuestros deseos más profundos fueran los que Dios olvida.

No es que la vida de soltera le resulte tan mala, pero es difícil vivir en un limbo perpetuo. Expresa: «La vida sería mucho más fácil si supiera que ser soltera de por vida es el plan de Dios para mí, en lugar de vivir con incertidumbre». Mientras lucha por aceptar su soltería, la pregunta que la ha acosado es: Si Dios quiere que sea soltera, ¿por qué no le ha quitado el deseo de casarse? Algunos responderían diciendo que Dios permite que este deseo persista porque, en realidad, sí quiere que Katy se case. Sugieren que, si tan solo ella ajustara su idea de la clase de hombre que está buscando, Dios le daría un esposo. Creo que estas personas, con todas sus sugerencias bienintencionadas, no están dando en el clavo. Aunque Dios podría decidir traer un esposo para Katy en cualquier momento, también es posible que quiera que su corazón siga deseando el matrimonio sin tener la intención de satisfacer ese deseo con un esposo.

## Imágenes de desolación

A lo largo de las Escrituras, encontramos imágenes de una novia sin novio. En el mundo bíblico, no existe el estilo de vida de una soltera egoísta, del tipo de la serie *Sex and the City*. Una novia sin novio es una imagen de desolación. Tomemos a Rut, por ejemplo. Noemí discernió correctamente que no había futuro en la antigua Israel para una moabita viuda. Su viudez la confinaba a un lugar de pobreza. Al final, Dios le proveyó un esposo a Rut, pero hasta entonces, su vida estuvo marcada por la pobreza y la vergüenza.

Aunque la viudez era común, no era para nada común que una mujer no se casara nunca. (En los formularios de censo antiguos, no había ninguna categoría para «soltero»). Sin embargo, entre otros relatos trágicos del libro de Jueces, encontramos la extraña historia de la hija de Jefté en Jueces 11. La mataron debido a un voto que su padre hizo sin pensar. Se nos dice que ella y sus amigas lloraron, no porque ella fuera a morir, sino porque moriría siendo virgen. En esa sociedad, se consideraba una tragedia que una mujer se fuera a la tumba sin casarse.

Podemos dar gracias porque el apremio de una mujer soltera hoy no es el mismo que el de la antigüedad. Puede trabajar para ganar su sustento. Puede tener propiedades. No hace falta que dependa de sus hijos para su sustento financiero en la ancianidad.

Sin embargo, sigue habiendo tristeza para la mujer que considera que tal vez jamás dé a luz ni conozca el amor de un esposo. Sigue habiendo deshonra en una sociedad que todavía pregunta: «¿Cuál es tu problema?», si nunca encuentras a tu media naranja. A pesar de que estos aspectos de la soltería son dolorosos, creo que Dios tiene un propósito en ese dolor.

## Cuando venga el esposo

En la Biblia, hay otra imagen de una novia sin novio. Los que la rodean y ven su angustia la dan por abandonada. Esa novia es Israel. En el exilio, estaba tan desolada como una mujer sin esposo ni hijos. Pero el profeta Isaías profetizó un futuro de esperanza para Israel:

> Por amor de Sión no callaré,
> y por amor de Jerusalén no me estaré quieto,
> hasta que salga su justicia como resplandor,
> y su salvación se encienda como antorcha.
> Entonces verán las naciones tu justicia,
> y todos los reyes tu gloria,
> y te llamarán con un nombre nuevo,
> que la boca del Señor determinará.
> Serás también corona de hermosura en la mano del Señor,
> y diadema real en la palma de tu Dios.
> Nunca más se dirá de ti: Abandonada,
> ni de tu tierra se dirá jamás: Desolada;
> sino que se te llamará: Mi deleite está en ella,
> y a tu tierra: Desposada;
> porque en ti se deleita el Señor,
> y tu tierra será desposada.
> Porque como el joven se desposa con la doncella,
> se desposarán contigo tus hijos;
> y como se regocija el esposo por la esposa,
> tu Dios se regocijará por ti. (Isa. 62:1-5)

Esta profecía representa el regreso del favor de Dios para Israel como la venida de un anhelado esposo. Se cumplió en parte con el regreso de Israel del exilio, pero terminó de cumplirse con la venida de Jesús, el cual se refirió a sí mismo como el Esposo.

## Observar y esperar como una parábola

Encontramos a otra novia que espera a su novio en la parábola de Jesús de las diez vírgenes en Mateo 25. Jesús nos dijo que el reino de los cielos será como diez vírgenes que llevan lámparas para salir a recibir al novio. Para los que vivimos en el siglo XXI, esta situación no nos resulta inmediatamente familiar. Confieso que, antes de estudiarla, ¡pensé que describía alguna clase de boda polígama a gran escala! Pero como cualquier comentario te dirá, las diez vírgenes no son las novias. Son damas de compañía, amigas de la novia que comparten su gozo en el día de su boda.

En la sociedad judía de la época de Jesús, el primer paso de un matrimonio era el compromiso. Esto podía suceder mientras la novia todavía era joven, y por ende, pasaba un período de tiempo significativo entre el compromiso y el matrimonio. Cuando por fin llegaba el día de la boda, el novio iba a la casa de la novia a buscarla. Entonces, todo el cortejo nupcial desfilaba alegremente a través de la noche iluminada por antorchas desde la casa de la novia hasta la del novio. Cuando llegaban, el novio daba la fiesta de bodas.

En esta parábola, el novio estaba demorado. No se nos dice por qué estaba demorado, y al parecer, los miembros del cortejo nupcial que esperaba tampoco lo sabían. Hasta donde sabían, podía llegar en cualquier momento, o quizás los mantuviera esperando horas. La espera fue más larga de lo que anticipaban, y como era de esperar, se quedaron dormidos.

La espera —y el sueño— del cortejo nupcial terminó de forma abrupta en medio de la noche, cuando llegó la noticia de que el novio por fin había llegado. Cinco de las damas de compañía tenían suficiente aceite y estaban listas para empezar la procesión. Las cinco que ya habían gastado todo empezaron a buscar por todas partes, pero no pudieron encontrar más aceite a tiempo para ser recibidas en la fiesta junto con el cortejo nupcial.

Es importante notar que las diez muchachas se quedaron dormidas, no solo las insensatas. Aunque esta parábola se trata de vigilar, aquí *vigilar* no es sinónimo de desvelo sino de presteza. Las doncellas sabias podían dormir porque estaban preparadas y estarían listas apenas las despertara el novio. Las doncellas insensatas durmieron las horas en las que podrían haber encontrado más aceite.

Es similar a la diferencia entre dormir en paz por la noche antes de unas vacaciones porque ya tienes todo empacado, y que el viaje te tome por sorpresa sin preparación, porque te quedaste dormida. Las vírgenes insensatas se durmieron en el tiempo de preparación, así que se perdieron la procesión nupcial y no pudieron entrar al festín.

Esta parábola ilustra varias verdades sobre el reino de los cielos. Primero, aunque el reino de Cristo ha comenzado, todavía no se ha cumplido plenamente. En este sentido, somos como una novia comprometida pero que aún no se ha casado. La consumación del reino ocurrirá cuando Jesús regrese en poder y triunfo. Al igual que el cortejo nupcial de la parábola, no sabemos cuánto pasará antes de que el Novio regrese a reclamar a Su novia.

Segundo, si queremos estar listos para esa consumación cuando venga el reino, debemos estar fortalecidas para una larga espera. A pesar de la demora, debemos tener empacadas nuestras maletas. La espera terminará de repente, y no podemos permitir que esa espera nos haga olvidar lo que realmente estamos esperando. En palabras del teólogo alemán Helmut Thielicke:

Con Jesús, no sabemos cuándo volverá o cuándo nos llamará a ir con Él. No sabemos en qué momento todo aquello que nos resulta tan importante —nuestra carrera, nuestro éxito, nuestro fracaso y nuestro abatimiento— se desvanecerá. No sabemos cuándo Él se transformará en lo único que tenga importancia para nosotras. Por lo tanto, debemos estar alertas y listas para Él en cualquier momento. Porque cada hora de nuestra vida está marcada por este momento único e impredecible, cuando estemos solos, cara a cara con Jesucristo.[4]

## La iglesia que espera

Hemos visto varias situaciones bíblicas diferentes: la trágica hija de Jefté, llorando porque moriría siendo virgen; la Israel desolada, una novia sin esposo cuyo llanto se transforma en gozo cuando el novio regresa; y las damas de compañía que no se han preparado para la llegada del novio y este las toma desprevenidas cuando por fin llega. ¿Cuál de estas será la historia de Katy? Si Dios alguna vez le da un esposo, vivirá la imagen que anunció Isaías, de regocijo con el esposo tan anhelado. Su boda y el banquete que siga permitirán vislumbrar la cena de bodas del Cordero que se describe en Apocalipsis. Ella podrá mirar atrás a su época de soltera con la gratitud que aporta la experiencia.

Pero ¿y si nunca se casa? ¿Fracasa como imagen del evangelio? De ninguna manera. En cambio, vivirá y morirá como un retrato de lo que la iglesia debe ser ahora. Jesús advirtió que habría un tiempo entre Su ascensión y Su regreso, un tiempo de esperar al Novio prometido:

Los discípulos de Juan y los fariseos estaban ayunando; y vinieron y le dijeron [a Jesús]: ¿Por qué ayunan los discípulos de Juan y los discípulos de los fariseos, pero tus

> discípulos no ayunan? Y Jesús les dijo: ¿Acaso pueden
> ayunar los acompañantes del novio mientras el novio está
> con ellos? Mientras tienen al novio con ellos, no pueden
> ayunar. Pero vendrán días cuando el novio les será quitado,
> y entonces ayunarán en aquel día. (Mar. 2:18-20)

Estamos viviendo en la época que Jesús describió. Entonces, ¿cómo sería el ayuno que predijo? Aunque tal vez no reconozcamos inmediatamente el celibato dentro de la soltería como una forma de ayuno, deberíamos hacerlo. Un cristiano soltero que vive bajo los mandamientos de Dios no tiene vida sexual, ¡y esto es difícil! Por la gracia de Dios, Katy ayunará de sexo hasta que Él le traiga un esposo. También ayunará de muchos otros beneficios que vienen con el matrimonio (junto con las pruebas que lo acompañan). Y si muere sin jamás volverse una sola carne con otra persona, morirá en la compañía de los fieles que se describen en Hebreos 11, que no recibieron aquello que esperaban, pero que creyeron que Dios recompensa a todo el que lo busca.

Esta misma esperanza puede caracterizar a aquellos que no creen que vayan a casarse. Muchos cristianos que experimentan la atracción al mismo sexo enfrentan la perspectiva de un ayuno de intimidad sexual de por vida. La Biblia enseña que el sexo solo está destinado al matrimonio entre un hombre y una mujer, y cualquier otro medio de satisfacer el deseo sexual es inmoralidad.[5] No existe el matrimonio entre personas del mismo sexo aprobado por Dios. Si sientes atracción por personas de tu mismo sexo y no tienes esperanza de que vayas a casarte en esta vida, sí tienes la plena esperanza de que en la vida venidera, hallarás la satisfacción completa y absoluta que anhelas. Aunque el mundo puede mofarse de tu abnegación, puedes saber que hay algo mejor reservado para ti que cualquier relación sexual en esta tierra. Jesús vivió una vida humana plena y completa, pero jamás experimentó el matrimonio ni la intimidad sexual. Nosotras también podemos ayunar de estas cosas si Dios nos llama a hacerlo, porque tenemos un gran gozo puesto por delante, cuando estaremos unidas a Él para siempre.

La soledad del cuerpo y el espíritu es difícil, pero no hay por qué sufrirla en vano. A veces, es difícil ver el propósito de días y años de soledad, pero no es necesario que lo entendamos para confiárselo a Dios. Elisabeth Elliot abogaba por entregarle la soledad a Dios:

> Dios nos da material para un sacrificio. A veces, el sacrificio no tiene mucho sentido para los demás, pero cuando se lo ofrecemos a Él, siempre lo acepta. ¿Qué «sentido» tenía que Dios le pidiera a Abraham que sacrificara a su amado hijo, Isaac? [...] Nuestras ofrendas para Él quizás se perciban como absurdas o incluso extremistas, pero Él las recibe. Jesús recibió el ungüento precioso de la mujer que ofreció adoración, aunque los allí presentes consideraron que era un desperdicio insensato. Es una lección que entendía muy tenuemente en 1948, pero se fue volviendo más y más clara cuanto más avanzaba con Dios. Por momentos, he intentado explicárselo a personas que se sienten solas y anhelan amor. «Entrégaselo a Jesús», les digo. La soledad en sí es material para sacrificio. Los anhelos mismos se le pueden ofrecer a Él, que los entiende a la perfección. La transformación en algo que Él puede usar para el bien de otros ocurre solo cuando la ofrenda se pone en Sus manos. ¿Qué hará con estas ofrendas? No importa. Él sabe qué hacer.[6]

Nuestro Padre es digno de confianza. Más allá de si esperas casarte en esta vida o no, si estás viviendo con la mirada puesta en la vida venidera, Dios puede usar tu historia para señalar a otros al festín que terminará con todos los ayunos, cuando nuestro Novio celestial aparezca.

## Un descontento santo

Si eres una cristiana que desea casarse, lo más probable es que alguien te haya citado el Salmo 37:4: «Pon tu delicia en el Señor, y Él te dará las peticiones de tu corazón». Las personas han usado este versículo para garantizarles a las solteras que, si el matrimonio es el deseo de su corazón, entonces Dios tiene un esposo elegido para ellas.

Después de una lectura más cuidadosa, se hace evidente que este versículo no significa que Dios nos dará todo lo que deseemos. Es una promesa condicional. Para recibir los deseos de tu corazón, debes deleitarte en el Señor. Si te estás deleitando en el Señor, ¿cuál es el deseo de tu corazón? Él. Aunque este versículo tal vez no prometa un final terrenal para tu soltería, sí te da esperanza de regocijarte en el Señor. Entonces, ¿esto significa que deberías estar contenta con tu soltería? Mi respuesta sería que, aunque tal vez nunca estés contenta *con* tu soltería, puedes conocer el gozo de Dios *en* tu soltería. No tienes por qué sentir culpa de que sigas anhelando el matrimonio. Es más, esto debería ser para ti y para los que te rodean una parábola del descontento santo que deberíamos sentir hasta el regreso de Cristo.

## Cómo esperar bien mientras esperamos un novio

La Biblia nos dice que somos extranjeras y peregrinas en este mundo. Una persona soltera sabe lo que es vivir como «el que sobra» en un mundo de parejas. ¿Por qué no glorificar a Dios reconociendo esa alienación, mientras también le pides que te haga sentir menos como en casa en este mundo?

Cuando era soltera, me costaba recordar que las personas casadas también podían sentirse solas, efímeras o inestables, o cualquiera de los estados que asociaba con mi soltería. Pero la verdad es que todos sentimos estas cosas. Por desgracia, a menudo esperamos que otra persona vea nuestro vacío y lo llene con su plenitud.

Cuando podía ver más allá de mi propia soledad a la de alguien más, Dios empezaba a obrar. Cuando me concentraba en una necesidad ajena a las mías, el dolor de estar sola comenzaba a menguar. Alguien que vive con deseos sin cumplir tiene la capacidad singular de identificarse con otros que viven con deseos sin cumplir y reconfortarlos, aun si sus anhelos son de otra índole. Si esperamos para ayudar a otros desde una posición de plenitud, jamás lo haremos. Si, por otro lado, amamos a los demás desde nuestro propio vacío, de manera paradójica, descubriremos que tenemos una abundancia de amor para dar. Otra manera de esperar bien mientras esperas a un novio es llevar una vida que marque un contraste profundo con el ídolo cultural de la satisfacción sexual. El mundo nos dice que no vale la pena vivir sin sexo. Nos dice que, sin importar cuál sea nuestra tendencia sexual, es fundamental para la búsqueda de la felicidad que puedas ponerla en práctica. Pero Dios, el Creador de nuestros cuerpos, tiene un mensaje muy distinto para nosotras en Su Palabra: «el cuerpo no es para la fornicación, sino para el Señor, y el Señor es para el cuerpo» (1 Cor. 6:13b). ¿Por qué no llevar una vida casta con la convicción de que estás personificando la voluntad de Dios para Su iglesia mientras ayunamos y esperamos a nuestro Novio? ¿Por qué no seguir orando por un esposo, aun mientras te unes a las palabras del Espíritu y la novia que claman: «Ven, Señor Jesús» (Apoc. 22:20)?

### Lista y a la espera

Cuando Estados Unidos fue a la guerra después de Pearl Harbor, muchas parejas se casaron rápido mientras a los hombres se los reclutaba para las fuerzas armadas. Tengo una amiga cuya madre, una jovencita en esa época, se comprometió con su novio, el cual tuvo que partir con la Marina antes de que pudieran casarse. No pudieron hacerlo hasta que él tuvo suficientes días libres como para volver a casa. Ella y su madre planearon la boda hasta el último detalle. Incluso imprimieron las invitaciones de la boda, pero sin fecha. No sabían cuándo podría venir el novio, así que esperaron con todo preparado. Por fin, después de dieciocho largos meses, llegó un telegrama que decía: «Deberías comprarte ese vestido blanco que tanto querías». ¡El novio estaba en camino! Escribieron la fecha a mano y enviaron las invitaciones.

Ya sabemos quién es nuestro Novio; pero no sabemos cuándo aparecerá. Como la muchacha que esperaba que su prometido pudiera tomarse licencia y volver a casa para casarse con ella, hay mucho que podemos hacer para prepararnos para el regreso de Jesús. Mientras que ella probablemente haya dedicado su tiempo a empacar su ajuar en baúles, nosotras deberíamos dedicar el nuestro a hacer tesoros en el cielo (Mat. 6:20). Así como ella se devoraba las cartas de su amado, ansiosa por saber cómo estaba, nosotras también deberíamos leer atentamente la Palabra de Dios, recordándonos por qué es digno de que lo esperemos. Así como ella resistía las propuestas de cualquier otro hombre, nosotras debemos guardar nuestro corazón de los ídolos, manteniéndolos puros y dedicados a Jesús solamente, mientras esperamos Su regreso. Dios no le ha prometido a cada una de Sus hijas un esposo terrenal, pero ninguna que esté alerta y a la espera de un Esposo celestial quedará decepcionada.

# 3

# A la espera de un hijo

Hay tres cosas que no se saciarán,
y una cuarta que no dirá: ¡Basta!
El Seol, la matriz estéril,
la tierra que jamás se sacia de agua,
y el fuego que nunca dice: ¡Basta!

*Proverbios 30:15b-16*

Christine y Paul se casaron cuando ella tenía poco menos de treinta años y él tenía treinta y tantos. Christine tuvo problemas para concebir, y los médicos determinaron que sufría de endometriosis. Después de la cirugía, empezó con tratamientos de fertilidad. Ella y Paul desbordaban de alegría cuando descubrieron que Christine estaba embarazada. Volaban de la euforia, después de años de esperanzas y anhelos acumulados.

Pero sus esperanzas se desplomaron cuando Christine sufrió un aborto espontáneo. Devastada, ella guardó durante meses la foto de la ecografía dentro de su camisa, junto a su corazón. Siguieron adelante con el tratamiento por infertilidad, aunque pasaban los meses sin un embarazo. Mientras esperaba, Christine luchaba espiritualmente. Recuerda: «Amaba al Señor, sabía que tenía un plan soberano y providencial para mi vida, pero me costaba saber que estábamos orando por un deseo noble, y no había respuesta. Oraba con el rostro en el suelo, llorando y rogándole a Dios que me permitiera concebir».

Después de varios años, empezaron a considerar la adopción, aunque todavía tenían la esperanza de concebir. La endometriosis de Christine fue empeorando y se volvió muy dolorosa. Al tiempo, sus médicos le recomendaron una histerectomía completa. Christine y Paul dejaron para más adelante la operación necesaria que sabían que terminaría con sus esperanzas de hijos biológicos. Después de un año más, Christine por fin se sometió a la histerectomía. Antes de la cirugía, Christine tuvo que firmar un documento reconociendo que jamás podría tener hijos. Me dijo: «Jamás olvidaré firmar aquel documento. Fue tan solemne y final, como si la puerta de una prisión se cerrara con fuerza detrás de mí».

Después de la cirugía, ya sin la esperanza de la concepción, los intentos de Christine y Paul por adoptar un niño se volvieron desesperados. Filmaron un video de su casa, con la esperanza de que alguna madre los eligiera. Su espera se extendió sin demasiada comunicación de la agencia de adopción. Parecía que todos los que los rodeaban tenían hijos. Christine sentía que sus sentimientos estaban en carne viva, así que evitaba asistir a *baby showers* y hasta cambiaba de canal si aparecía algún anuncio de productos para bebés en el televisor.

Diecisiete meses después de la histerectomía, Christine y Paul se enteraron de que los habían elegido como los padres adoptivos de mellizos, un varón y una niña. Trágicamente, la madre biológica tuvo un parto prematuro y la bebita murió al nacer. Después, la madre cambió de opinión sobre la adopción y decidió quedarse con su hijo. Así que la espera siguió.

Varios meses más tarde, les dijeron que los había elegido otra madre que ya había dado a luz. Padres al instante, buscaron a su nueva bebita del hospital y la llevaron a una habitación de hotel. Después de tres días de felicidad con la niña, se enteraron de que la madre biológica había cambiado de opinión. Debido al período de revocación de los derechos en ese estado, Christine y Paul no tuvieron más opción que volver a llevar a la beba a la agencia de adopción y despedirse de ella para siempre.

Una vez más con el corazón roto, Christine empezó a cuestionar a Dios. Su mayor temor era que jamás tendría hijos. Pasó meses leyendo el libro de Habacuc, preguntando junto con el profeta: «¿Hasta cuándo, oh Señor?» (1:2).

## La infertilidad y la culpa

En cada era, la infertilidad ha traído no solo angustias, sino también una dolorosa vergüenza cultural. En la antigüedad, los hijos eran una señal de abundancia y bendición. Podían labrar la tierra, cuidar a sus padres y defender el honor de la familia. Se creía que las parejas que no tenían hijos habían ofendido a los dioses. Por eso las religiones tribales paganas están llenas de rituales de fertilidad. La mujer infértil sentía que tenía que apaciguar a los dioses y ganarse su favor para poder concebir un hijo.

Aunque hoy en día las creencias han cambiado, se sigue perpetuando un estigma de culpa en los comentarios dirigidos a las parejas infértiles. Aun con las mejores intenciones, los que les dicen a las parejas infértiles que «se relajen y dejen de esforzarse tanto por lograrlo» dan a entender que la infertilidad es culpa de la pareja. Los que se quejan de los bebés que vienen de sorpresa o sugieren que «debe haber algo en el agua» cuando alguien anuncia un nuevo embarazo aumentan, sin saberlo, el estigma que sienten aquellos que están desesperados por concebir. Aunque minimizar la bendición que son los hijos puede parecer el enfoque más sensible ante una pareja infértil, en realidad es más doloroso para estas parejas estar cerca de personas que no parecen recordar que los hijos son un precioso regalo.

Además de la vergüenza que puede venir de los comentarios insensibles, la mujer infértil tal vez se eche la culpa sin piedad. Si ha tenido que padecer algún aborto espontáneo, tal vez se obsesione pensando en qué podría haber hecho para causarlo. Aunque las búsquedas en internet son una herramienta útil para encontrar consejos para un embarazo saludable, cuando un hijo muere en el vientre de su madre, todas esas recomendaciones pueden parecer acusaciones.

Como cristianas, a veces agravamos la vergüenza percibida de la infertilidad al sugerir que tiene una raíz espiritual. Una falta de hijos no es ninguna indicación de que una pareja sea indigna espiritualmente. *Todos* somos indignos espiritualmente; si Dios esperara para dar hijos hasta que una pareja estuviera perfectamente preparada o contenta, la raza humana se extinguiría. Las mujeres estériles pueden sentirse condenadas por estar lamentando su falta de hijos en lugar de aceptarla con gozo como la voluntad de Dios.

En los consejos útiles y bienintencionados, lo que la pareja infértil suele escuchar es el mensaje de que «Dios les está negando hijos porque todavía no aprendieron la lección. Si pudieran contentarse más en Él, Dios les daría un hijo».

## La matriarca infértil

Si alguien hubiera escrito la historia del matrimonio entre Abraham y Sara, podría haber sido la versión antigua de la de Christine y Paul. La Biblia no habla de la desilusión de Sara mes tras mes, año tras año, cuando no podía concebir. Aunque no tenía los tratamientos de fertilidad modernos a su alcance, había muchas supersticiones y remedios caseros para concebir. Seguramente, Sara los probó todos, pero siguió sin hijos hasta después de la edad de poder concebir.

Tal vez después de perder toda esperanza de concebir un hijo, Sara y Abraham pudieron hacer el duelo y seguir adelante. Sara ya no tenía que llorar todos los meses. Abraham eligió a su ayudante, un hombre llamado Eliezer de Damasco, para que fuera su heredero. Pero Dios reabrió la herida al prometer que transformaría a Abraham en el padre de muchas naciones dándole un hijo (Gén. 15:4).

Abraham creyó la promesa de Dios, aunque no sabía cómo la cumpliría, dado que su esposa ya no tenía edad para tener hijos. Después de la promesa, el deseo de Sara por un hijo debe haber adquirido una nueva desesperación. Decidida a darle hijos a Abraham, escogió a su sierva, que todavía era fértil, para que fuera una madre sustituta, al acostarse con Abraham y darle un hijo.

El plan de Sara para esquivar su propia infertilidad no era el que Dios tenía para cumplir Su promesa. Él quería darle a la mujer infértil un hijo nacido de su propio vientre. A Sara le llevó un tiempo entenderlo, y su intento de tomar cartas en el asunto dañó a su esposo, a su sierva y al hijo de la sierva. Pero Dios no reserva los hijos para aquellos que los merecen. A pesar del pecado de Sara, Dios cumplió Su promesa, y Sara dio a luz a Isaac cuando tenía más de noventa años.

¿Por qué Dios hizo que Abraham y Sara esperaran? ¿Por qué les dio un hijo en la ancianidad en lugar de cuando eran jóvenes y vigorosos? La espera de Abraham de su descendencia prometida se transformó en un emblema de la espera de todos sus descendientes del Hijo prometido. El nacimiento de Isaac no fue el cumplimiento final del pacto; fue tan solo el comienzo. El pueblo escogido de Dios esperaría generaciones antes de que naciera el Mesías, el Salvador de Israel.

El escritor de Hebreos no enfatiza la duda de Sara de que Dios le diera hijos, sino la convicción que ganó al final: «También por la fe Sara misma recibió fuerza para concebir, aun pasada ya la edad propicia, pues consideró fiel al que lo había prometido» (Heb. 11:11). Fue un ejemplo para generaciones de israelitas que soportarían la esclavitud, el desierto y el exilio. El pueblo de Israel no debía darse por vencido con el pacto de Dios —hacer el duelo y seguir adelante—, sino que debía seguir esperando con fe, aunque mantener viva la esperanza pudiera ser doloroso.

### El dolor como parábola

La infertilidad es como una herida que vuelve a abrirse mes a mes. Hay esperanza de sanar la herida al concebir un hijo. También está la posibilidad de que el dolor se termine si queda sepultado bajo gruesas cicatrices. Una mujer infértil puede verse tentada a endurecer su corazón para que este deje de romperse. Quizá se cierre ante su esposo, para no tener que ver su dolor y compartir el propio. Puede volverse amargada, endurecida y desdeñosa frente a aquellos que disfrutan de lo que se le ha negado a ella, para no tener que vivir día tras día con el crudo dolor de un deseo insatisfecho.

Es necesario resistir con fervor esta tentación. No debemos ser como Sara, que se protegió con cinismo (Gén. 18:12-14). Debemos ser como Ana, y permitir que nuestro dolor y nuestro anhelo nos lleven a postrarnos delante de Dios (1 Sam. 1). El anhelo de Ana la movió a orar. Sus oraciones produjeron un hijo profeta, aquel que coronaría a David como rey de Israel. No todas las oraciones, aun si son tan sinceras como las de Ana, llevarán a un hijo. Pero la voluntad de Ana de reconocer su dolor, de derramarlo delante del Señor y admitirlo frente a Elí, halló favor delante de Dios. Tenemos que imitar su humildad, esperando un favor similar, aunque no se nos promete que el favor de Dios se manifieste en un hijo.

El contentamiento y el dolor no son estados incompatibles. Así como lloramos por la violencia, la muerte y el pecado, también es apropiado llorar por un vientre que no ha producido un hijo. No todo está como debería estar. El dolor de la infertilidad debería impulsarnos a lo profundo de la bondad de Dios en busca de consuelo. Puedes encontrar contentamiento en las misericordias de un Padre tierno mientras lloras por la esterilidad de tu vientre.

Lamentarse ante lo roto que está este mundo señala más allá, a la vida que vendrá. Si todos nuestros deseos se satisficieran aquí, ¿por qué querríamos que Cristo regrese y establezca Su reino? Aunque vivimos en un mundo caído, los que no han tenido hijos en esta vida tienen mucho que esperar en el mundo venidero.

## Las oraciones de Israel

La historia de Elisabet se parece mucho a la de Sara. La conocemos en las primeras páginas del libro de Lucas. Ella y su esposo, el sacerdote Zacarías, no tenían hijos, porque ella era estéril. Lucas le deja bien en claro al lector que su infertilidad no era resultado de una falta de fe ni del pecado: «Ambos eran justos delante de Dios, y se conducían intachablemente en todos los mandamientos y preceptos del Señor» (Luc. 1:6). Tuvieron sus propios años de espera dolorosa y ahora la edad había dejado atrás la esperanza.

Sin duda, Zacarías y Elisabet oraron durante años para que Dios quitara su esterilidad, y con ella, el estigma que venía al ser hijos del pacto sin descendencia. Cuando el ángel Gabriel se le apareció a Zacarías, lo primero que dijo fue: «No temas, Zacarías, porque tu petición ha sido oída, y tu mujer Elisabet te dará a luz un hijo, y lo llamarás Juan» (Luc. 1:13). En un sentido, el nacimiento de Juan el Bautista fue la respuesta a una oración específica y privada de una pareja sin hijos. Así fue como Elisabet interpretó la concepción de su hijo; y declaró: «Así ha obrado el Señor conmigo en los días en que se dignó mirarme para quitar mi afrenta entre los hombres» (Luc. 1:25). Vio una respuesta concreta y personal a su propia oración, y estaba en lo correcto.

Sin embargo, no es la única interpretación correcta del anuncio de Gabriel. Había un propósito divino más grande.

La oración de Zacarías no fue la única en ser respondida, ¡sino también las oraciones de todo Israel!

El contexto del anuncio de Gabriel es de suma importancia. Zacarías estaba cumpliendo con su deber sacerdotal de quemar incienso ante el Señor. El sacerdote que ofrecía incienso se elegía echando suertes, y por los escritos judíos, sabemos que solo se le permitía este privilegio a un sacerdote una vez en la vida. El templo era el centro de adoración para el pueblo, donde todos iban a ofrecer sacrificios y orar por la redención de Israel. La oración más estimada para el corazón de cualquier hijo fiel de Israel era la venida del Mesías prometido. En su rol como sacerdote, Zacarías funcionaba como intercesor principal del pueblo de Dios. Mientras oraba, Lucas nos recuerda que la multitud afuera también oraba (v. 10).

Los sacerdotes habían estado ofreciendo incienso por siglos. Multitudes afuera del templo habían esperado al Mesías por generaciones. Después de toda esa espera, de todo ese anhelo, se pronunciaron estas palabras: «tu petición ha sido oída» (v. 13). ¡La vergüenza de Israel sería quitada! El hijo que tendría la esposa de Zacarías sería un heraldo, que anunciaría la venida del Santo de Israel, el Mesías prometido. Israel ya no aparecería ante las naciones como la olvidada por su Dios. El nacimiento del bebé Juan, el precursor de Jesús, fue el resultado de oraciones personales y privadas, así como el cumplimiento de la profecía y de años de oración colectiva. Así como Dios había cumplido Su pacto al darle un bebé a Abraham y a Sara en la ancianidad, después de una larga espera, el Señor le daría a Israel el hijo que le había prometido.

## La promesa de Dios a los que no tienen hijos

Nuestro Dios es un Dios bondadoso. Cuando quita la infertilidad, revela la generosidad que hay en el centro de Su carácter: «Hace habitar en casa a la mujer estéril, gozosa de ser madre de hijos» (Sal. 113:9a). Tal vez sientes que, al negarte hijos, Dios está mostrando que no es bondadoso, pero no debemos confundir la demora con la negación. Yo no me enamoré hasta los treinta y tres años de edad. Para mí, el gozo del amor no me fue negado, sino demorado. La demora hizo que el deleite fuera mucho más dulce cuando por fin llegó. Aunque Dios no ha prometido darte hijos en esta vida, si eres creyente, ha prometido quitar tu esterilidad en la vida venidera.

Me encanta la escena que el profeta Isaías pinta de la mujer que era infértil, y ahora es fructífera en la nueva creación:

«Grita de júbilo, oh estéril, la que no ha dado a luz;
prorrumpe en gritos de júbilo y clama en alta voz, la que no ha estado de parto;
porque son más los hijos de la desolada que los hijos de la casada» —dice el Señor.
«Ensancha el lugar de tu tienda,
extiende las cortinas de tus moradas, no escatimes;
alarga tus cuerdas, y refuerza tus estacas.
Porque te extenderás hacia la derecha y hacia la izquierda;
tu descendencia poseerá naciones,
y poblarán ciudades desoladas». (Isa. 54:1-3)

Esta mujer, que ha estado completamente sola, ahora tiene una tienda repleta de hijos. Está tan llena que tiene que reforzar las estacas de la tienda. No solo se encontrará con muchos hijos, sino que estos serán victoriosos y gobernarán sobre otras naciones. Lo mismo se representa en Isaías 49:21, cuando una madre que ha sido afligida por la falta de hijos se conmociona al encontrarse madre de muchos.

Esta profecía tiene su cumplimiento en distintos aspectos. Primero, le recuerda a Israel que sus muchos descendientes vinieron de una mujer estéril. Sara ya no podía tener hijos, pero Dios abrió su vientre y la transformó en madre de Su pueblo escogido. No obstante, en la época en la que habló Isaías, el pueblo de Dios era estéril porque Israel no había producido aún al Mesías prometido. La venida de Cristo fue el cumplimiento de esta profecía, porque quitó la maldición de la esterilidad espiritual de Israel. Su reino no solo se expande a través de los descendientes naturales, sino también por aquellos que nacen de nuevo en Él.

También hay una dimensión futura, en la cual toda clase de esterilidad terminará cuando Cristo regrese. En el cielo nuevo y la tierra nueva, ya no habrá infertilidad. Cuando criamos hijos espirituales, sembramos las semillas de los hijos que llenarán esa tienda.

## Los hijos espirituales

Cuando cultivamos la fe en la vida de los demás, estamos criando hijos espirituales. A veces, eso significa ser parte del nacimiento espiritual de alguien a través de la evangelización. Otras, implica capacitarlo en la fe mediante la enseñanza y el discipulado.

Cuando sugiero que Dios puede quitar tu esterilidad dándote hijos espirituales, tu instinto probablemente sea responder: «No, gracias, prefiero los hijos de verdad». Entiendo. Es el mismo razonamiento de la mujer soltera a la cual la promesa de Cristo como su Esposo espiritual le resulta un consuelo insignificante. Pero solo porque un hijo espiritual nos parezca menos real que uno biológico o adoptado, no quiere decir que sea cierto. Cuando exaltamos lo terrenal por encima de lo eterno, favorecemos la sombra por encima de lo que representa. Aunque tal vez el objeto en sí esté fuera de tu vista y por lo tanto sea intangible, en realidad es tan real como su sombra.

Nuestra mente está condicionada para creer que lo más real es lo que podemos ver y tocar. La Biblia nos presenta un marco bien distinto de la realidad. Pablo escribe: «porque las cosas que se ven son temporales, pero las que no se ven son eternas» (2 Cor. 4:18b). Como cristianos, somos aquellos que esperan lo que no se ve (Rom. 8:24). Aunque puede ser difícil imaginar que obtengas la misma satisfacción al tener hijos espirituales, no me cabe duda de que, del otro lado de la eternidad, tu gozo será tan completo que no sentirás ni una pizca de melancolía por las experiencias que te perdiste en esta vida.

## Cómo esperar bien mientras esperamos un hijo

Cuando la infertilidad te lleva a clamar: «¿Hasta cuándo, oh Señor?», recuerda que esa es la pregunta que el pueblo de Dios siempre hizo (Hab. 1:2). El pueblo de Israel preguntaba «¿Hasta cuándo?» mientras esperaba al Mesías. Ahora, preguntamos «¿Hasta cuándo?» mientras esperamos el cielo nuevo y la tierra nueva (y fértil).

No tenemos que esperar ociosas aquel día; podemos prepararnos criando hijos espirituales. Hay muchas maneras de criar hijos espirituales en esta vida. Puedes hacerlo enseñando en la escuela dominical. Puedes tener hijos espirituales al servir como madre transitoria. Puedes apoyar a algún huérfano en el exterior, no solo enviando dinero para necesidades físicas, sino también orando por tu niño cada día. Podrías servir como mentora para algún adolescente de un hogar problemático. Puedes usar el tiempo, la energía y el dinero que gastarías en hijos para edificar el reino de Dios.

Estas relaciones no necesariamente tendrán una recompensa terrenal. Algunas tal vez lleven a vínculos duraderos y una relación mutuamente gratificante, pero hay quienes tomarán sin dar nada a cambio. Algunos pueden romperte el corazón, tal como los hijos terrenales. Aun así, deberíamos acatar la enseñanza de Jesús de dar a los que no pueden devolvernos el favor, «pues tú serás recompensado en la resurrección de los justos» (Luc. 14:14). Cuando te transformes en una madre espiritual con hijos y nietos espirituales, puedes esperar la tienda ensanchada que Isaías profetizó. Esto requiere creer por fe que los hijos espirituales son hijos reales, y que la inversión en la vida venidera tiene una buena recompensa.

Si estás leyendo este libro y tienes hijos, deberías sentirte igualmente apremiada a buscar hijos espirituales. Esto puede suceder primero al discipular a los hijos que estás criando, pero no tiene por qué terminar ahí. Tus hijos necesitan ver a la familia de Dios como su verdadera familia, y puedes alentar esto al invertir en la vida de los demás.

Quiero animarte a ti, que tienes hijos terrenales, a que involucres a adultos cristianos sin hijos en la vida de tu familia. Invita a creyentes solteros maduros a tu hogar a pasar tiempo con tus hijos, no como niñeros, sino como ejemplos piadosos. Cuando era soltera y no tenía idea si alguna vez tendría hijos, fue sumamente significativo para mí cuando unos amigos me pidieron que fuera la madrina de su hija. Esta quizás no sea una tradición en tu casa, y en algunos círculos es una función que se asocia principalmente con los regalos, pero es una función que debería ser espiritual. Al acceder a ser la madrina, me comprometí a orar por mi ahijada y tomar un rol activo en su vida espiritual. Para mí, fue un recordatorio potente de que, aunque no tenía hijos, no estaba exenta de una descendencia espiritual.

Tus hijos espirituales tal vez no tengan tu apellido, pero espero que sean tan fundamentales en tu vida que puedas exclamar junto con el apóstol Juan: «No tengo mayor gozo que este: oír que mis hijos andan en la verdad» (3 Jn. 4).

## Una respuesta eterna

La historia de Christine y Paul tiene un final feliz. Después de muchos años de espera y desilusión, adoptaron un hermoso hijito. «La emoción gozosa que sentimos cuando lo tuvimos en brazos desafía toda mi capacidad para expresarlo con palabras», recuerda Christine. «Mi corazón cantaba, me sentía liviana, todos mis sentidos se agudizaron y no fue como nada que hubiera experimentado antes. Dios había escuchado nuestras oraciones».

Las palabras de Christine se hacen eco de las que Gabriel le dijo a Zacarías: «Tu petición ha sido oída» (Luc. 1:13). Su oración por un hijo fue respondida en esta vida. Algunas mujeres estériles deberán esperar para ver que su esterilidad sea quitada en la vida venidera, pero pueden anticipar aquel día criando hijos espirituales. Para que eso sea un consuelo, debes fijar tus ojos no en lo que se ve aquí, sino en lo que no se ve y es eterno. El fin de la esterilidad será más real que cualquier dolor que sintamos en nuestro paso efímero por esta tierra, y el gozo que lo acompaña permanecerá para siempre y por siempre.

# 4

# A la espera de sanidad

Dios usa el dolor y la debilidad crónicos, junto con otras aflicciones, como su cincel para esculpir nuestras vidas. La debilidad que sentimos profundiza la dependencia de Cristo para hallar fuerzas cada día. Cuanto más débiles nos sentimos, más nos apoyamos.

J. I. Packer, *God's Plans for You*
[Los planes de Dios para su vida]

A Tim le diagnosticaron cáncer de colon en etapa cuatro a los veintinueve años de edad. Cuando sus médicos determinaron el alcance del cáncer mediante una cirugía exploratoria, lo volvieron a coser y le dijeron a su esposa, Annie, que ordenaran sus asuntos. No le daban más que unos pocos meses de vida.

Los doctores estaban equivocados, como muchas veces sucede. En parte, subestimaron la determinación de Tim de luchar contra su cáncer. Graduado de la Academia Militar

West Point y exmiembro del cuerpo de élite de paracaidistas del ejército estadounidense, Tim abordó el tratamiento del cáncer con la misma determinación de acero por sobrevivir que habría empleado si lo hubiera capturado un enemigo del estado. En los próximos dieciséis años que siguieron, el cáncer regresó cuatro veces, y cada vez, el tratamiento fue más extenuante. Creo que, para el momento en que ya había soportado veintinueve cirugías y los crueles efectos secundarios de cinco protocolos de quimioterapia, habría preferido que lo torturara un enemigo humano.

Durante dieciséis años, Tim y Annie vivieron con la sombra de la muerte de Tim sobre sus cabezas. Pero vivieron, y vivieron bien. Cuando a Tim le diagnosticaron cáncer por primera vez, su hija tenía apenas diez meses de edad. Después de la primera ronda de tratamiento, los médicos les dijeron que tener más hijos sería físicamente imposible para Tim. Sin embargo, para la absoluta sorpresa de sus oncólogos, varios años más tarde, Annie quedó embarazada y dio a luz a un hijo sano. Tim abordó la crianza con una intencionalidad fervorosa, sabiendo que su tiempo con sus hijos tal vez fuera breve. El deseo de que crecieran conociendo a su padre lo impulsó a pelear por su vida.

Cada vez que Tim estaba por entrar a una cirugía, Annie le leía el Salmo 27. El salmo termina diciendo: «Hubiera yo desmayado, si no hubiera creído que había de ver la bondad del Señor en la tierra de los vivientes. Espera al Señor; esfuérzate y aliéntese tu corazón. Sí, espera al Señor». Tim estaba haciendo todo esfuerzo humano posible por sobrevivir al cáncer. Sin embargo, su esperanza suprema no estaba en la habilidad del doctor, sino en el conocimiento seguro de que su sufrimiento terminaría un día en la vida eterna, la cual el cáncer no puede amenazar jamás. Podía decir con el apóstol Pablo: «Cristo será exaltado en mi cuerpo, ya sea por vida o por muerte. Pues para mí, el vivir es Cristo y el morir es ganancia. Pero si el vivir en la carne, esto significa para mí una labor fructífera, entonces, no sé cuál escoger, pues de ambos lados me siento apremiado, teniendo el deseo de partir y estar con Cristo, pues eso es mucho mejor; y sin embargo, continuar en la carne es más necesario por causa de vosotros» (Fil. 1:20b-24).

Tim tuvo que aprender a vivir con la atención dividida: un ojo miraba hacia delante, al fin de su sufrimiento, mientras que el otro se concentraba en vivir fielmente en medio del padecimiento. Tim y Annie invirtieron gran parte de su tiempo, energía y dinero en luchar contra el cáncer de Tim. Aun mientras oraban pidiendo sanidad y buscaban tratamiento médico, Tim anhelaba la sanidad plena y completa que sabía que llegaría con un cuerpo resucitado. Solo la perspectiva del cielo le permitía enfrentar su diagnóstico terminal con esperanza. Solo la gracia sustentadora de Dios le dio la fuerza para seguir avanzando paso a paso mientras vivía en un cuerpo devastado por el cáncer.

Tim podría haber usado su enfermedad como excusa para retirarse del liderazgo y el servicio en la iglesia. Saber que era probable que su vida terminara pronto podría haber sido una justificación para vivir para sí mismo. Sin embargo, Tim sirvió activamente al pueblo de Dios. Era un anciano en su iglesia, y él y Annie ayudaban a liderar el grupo de solteros. Estaban profundamente dedicados a las vidas de otros y dedicaban muchísimo tiempo al discipulado uno a uno y a las sesiones de consejería prematrimonial. Yo era miembro del grupo que se reunía en su casa, el cual Tim siguió liderando incluso mientras atravesaba la quimioterapia. Recuerdo estar sentada junto a la mesa de la cocina con Tim mientras él me ayudaba a elegir un plan de estudios para un grupo pequeño de mujeres. Como su estructura de 1,95 metros (6,5 pies) estaba escuálida por la quimio, no exagero al decir que parecía salido de un campo de concentración. Tenía la boca llena de llagas, pero aclamó lenta y deliberadamente los méritos de *El progreso del peregrino* ante un grupo de estudio.

La mayoría de nosotros no tendría la clase de resistencia física y estoicismo que tenía Tim (yo seguro que no), y no estoy sugiriendo que todos los que tengan una enfermedad terminal deban mantener los mismos niveles de actividad que él. Pero la resistencia física de Tim fue una inspiración para mí cuando buscaba resistencia espiritual y emocional. Si algo parecía estar más allá de mis fuerzas, pensaba: Tim se levanta todas las mañanas con la fortaleza del Señor. Sin duda, yo puedo enfrentar mis propias pruebas con la fuerza del mismo Señor.

Tim amó a su familia y a su iglesia hasta el final. Cuando su cuerpo por fin se dio por vencido, unas 700 personas asistieron a su funeral. Un amigo leyó una carta que Tim había escrito para el servicio, en la cual decía: «He orado para vivir, pero Dios me está diciendo que tiene algo MEJOR para mí, lo cual ya estoy experimentando en este momento. Me encantaría escuchar todas las cosas lindas que dicen sobre mí en el servicio conmemoratorio. Pero hay una sola cosa que quiero escuchar. Sin embargo, tan solo se puede oír del otro lado de la eternidad: «Bien, siervo bueno y fiel».

## Gemidos en las tiendas

No me gusta acampar. Las pocas veces que intenté vivir con lo esencial y dormir afuera, a eso de las diez de la noche, empecé a preguntarme: «Ahora, ¿por qué estoy haciendo esto?». Detesto la idea de que mi cama perfectamente cómoda esté vacía en casa mientras yo duermo en una bolsa de dormir en el suelo. Para mí, una tienda no es un sustituto aceptable para un hogar.

En 2 Corintios 5:1-3, Pablo describe nuestro cuerpo como una tienda terrenal, un lugar para residir solo hasta que recibamos cuerpos eternos en nuestro hogar celestial:

> Porque sabemos que si la tienda terrenal que es nuestra morada, es destruida, tenemos de Dios un edificio, una casa no hecha por manos, eterna en los cielos. Pues, en verdad, en esta morada gemimos, anhelando ser vestidos con nuestra habitación celestial; y una vez vestidos, no seremos hallados desnudos.

El mundo deja de parecernos un lugar cómodo cuando nuestro cuerpo se ataca a sí mismo. Incluso una enfermedad menor puede recordarnos que nuestros cuerpos no son hogares permanentes. Cuando la enfermedad entra en nuestra vida, adquirimos una conciencia aguda de que nuestro mundo está caído. Nuestro cuerpo es un regalo de Dios, pero a medida que envejece y se enferma, es causa de muchos gemidos.

Aunque la enfermedad, al igual que la muerte, es un producto de la caída y, por lo tanto, no es algo bueno en sí mismo, tiene el derivado bueno de ayudarnos a sentirnos menos en casa en este mundo. Cuando no nos sentimos cómodos en nuestro cuerpo, eso nos recuerda que «nuestra ciudadanía está en los cielos, de donde también ansiosamente esperamos a un Salvador, el Señor Jesucristo, el cual transformará el cuerpo de nuestro estado de humillación en conformidad al cuerpo de su gloria, por el ejercicio del poder que tiene aun para sujetar todas las cosas a sí mismo» (Fil. 3:20-21). La enfermedad no es algo que deberíamos abrazar porque sí, pero podemos celebrar que nos lleva a anhelar nuestro hogar celestial y nuestro cuerpo resucitado, de la misma manera en que dormir en un suelo frío y duro me hacía anhelar mi cama en casa.

## La esperanza de la sanidad

Cuando la enfermedad es grave, no suele terminar con facilidad. Por lo tanto, la espera es una parte integral de la experiencia de la enfermedad. Esperamos resultados de estudios médicos. Esperamos la remisión. Esperamos el alivio de los efectos secundarios. Pero más que nada, esperamos la sanidad, y a menudo no sabemos si llegará en esta vida o en la próxima.

Dios no siempre responde las oraciones por sanidad de la misma manera. A veces, sana rápido, ya sea a través de la medicina o mediante milagros sin explicación científica. Otras, sana después de muchos meses o años. Y otras veces, Dios retiene la sanidad. He visto cada una de estas respuestas a mis propias oraciones por la sanidad de otros. Y en la Escritura, vemos ejemplos claros de cómo Dios actuó de estas diversas maneras en respuesta a la enfermedad.

Lucas 4 contiene la clase de sanidad que todos escogeríamos para nosotros y para nuestros seres queridos. La suegra de Simón Pedro estaba afligida por una fiebre alta. Los que estaban en la casa «le rogaron [a Jesús] por ella», lo cual, en esencia, significa que ofrecieron una oración en persona pidiendo sanidad. Lucas nos dice que Jesús «inclinándose sobre ella, reprendió la fiebre, y la fiebre la dejó; y al instante ella se levantó y les servía» (Luc. 4:39). La sanidad fue milagrosa e instantánea. Esa misma noche, Jesús puso Sus manos sobre muchos otros y los sanó.

Esta es la clase de sanidad que anhelan nuestro cuerpo y nuestra alma, el toque de nuestro Salvador que restaura al instante. Esa clase de sanidad glorifica a Dios porque muestra Su poder milagroso. Pero Dios también es glorificado cuando seguimos caminando por fe a pesar de no haber sido sanados. Cualquiera alabaría a Dios por una sanidad instantánea; no tiene nada de sobrenatural estar feliz por gozar de buena salud. Pero aquellos que alaban a Dios en medio de su sufrimiento, aunque Él no lo haya quitado, muestran una clase de fe que solo puede atribuirse al Espíritu Santo en su interior. No es natural dar gracias y regocijarse mientras se está preso de un cuerpo que gime y sufre de dolor.

## Cuando Dios no sana

Aunque Jesús sanó a muchísimas personas durante Su tiempo en la tierra, hubo un episodio particularmente notable en el que decidió no sanar. María, Marta y Lázaro eran amigos cercanos de Jesús, así que, como era de esperar, las hermanas lo mandaron a llamar cuando su hermano enfermó. En vez de apurarse para llegar a su casa en Betania, Jesús esperó dos días antes de ir a ver a Lázaro, diciéndoles a Sus discípulos: «Esta enfermedad no es para muerte, sino para la gloria de Dios, para que el Hijo de Dios sea glorificado por medio de ella» (Juan 11:4).

Probablemente, esta frase tenía mucho sentido para los discípulos. Estaban acostumbrados a que Jesús glorificara a Dios mediante la sanidad. Parecía que Jesús tenía un plan para sanar a Lázaro y evitar que muriera. Pero ese no era el plan. En cambio, Jesús esperó hasta que supo que Lázaro había muerto antes de ir a Betania. De repente, lo que había dicho, que esa enfermedad no era para muerte, ya no tenía sentido. Es más, parecía *falso*.

Jesús lloró con María y Marta junto a la tumba de Lázaro. A la vista de los espectadores, seguramente parecía alguien que no tenía nada más para ofrecer sino compasión. Esta quizás era la prueba más grande de fe que los discípulos habían experimentado aún. Cuando la gente de Betania vio a Jesús llorando, preguntaron: «¿No podía este, que abrió los ojos del ciego, haber evitado también que Lázaro muriera?» (Juan 11:37b).

La respuesta a su pregunta es un rotundo «sí», pero Jesús tenía un plan incluso más grande que sanar a Lázaro. Aun así, Su dolor y compasión por Marta y María eran genuinos. Esta historia muestra que Dios conoce nuestro dolor y lo siente, aun cuando sabe que está haciendo algo mejor de lo que pensamos. Si estás esperando que Dios te sane, puedes confiar en que, aun si todavía no ha respondido esa oración, ve y siente tu sufrimiento. Jesús sabía que, en unos momentos, María y Marta tendrían de nuevo a su hermano, pero aun así lloró con ellas.

Después de llorar, puso manos a la obra. Mandó que quitaran la piedra de la tumba, a pesar de las protestas de Marta. Oró en voz alta, y luego exclamó: «¡Lázaro, ven fuera!» (v. 43). Cuando el Hijo de Dios habla, hasta los muertos deben obedecer su voz. Lázaro, el hombre que había estado muerto cuatro días, salió caminando de su tumba.

Lo que es sumamente satisfactorio de esta historia es que podemos ver el propósito de Dios detrás de lo que al principio parecía falta de compasión o de poder. Jesús no evitó la muerte de Lázaro, pero tampoco permitió que la enfermedad terminara en muerte. Cuando alguien es sanado, siempre está la posibilidad de alguna explicación médica que justo coincidió con la oración por sanidad. ¡Pero no hay ninguna posibilidad de explicar médicamente la resurrección después de cuatro días de haber muerto! Jesús mostró más poder al resucitar a Lázaro de lo que habría demostrado al sanarlo.

## Una historia de enfermedad prolongada

La mujer que Jesús encontró en Marcos 5 sufrió mucho más tiempo que la suegra de Pedro o Lázaro. Hacía doce años que sangraba. Cualquier mujer puede imaginar la miseria que traería esta condición. Además del malestar y el agotamiento que conllevaba, probablemente le habría impedido tener hijos. Esta mujer había gastado todo su dinero en médicos, y tan solo habían empeorado el problema. Y algo aún más devastador para un israelita, su sangrado significaba que estaba perpetuamente impura (Lev. 15:25). Cualquier cosa que tocara quedaba contaminada, por eso es tan chocante que haya tocado a Jesús.

No obstante, cuando esta mujer extendió su mano y tocó el manto de Jesús, no lo dejó impuro. En cambio, la pureza de Él la purificó. De inmediato se dio cuenta de que había sido sanada. La miseria que había padecido durante doce años había llegado a su fin.

Por maravilloso que sea, esta sanidad implicó mucho más que el final del sufrimiento físico de esta pobre mujer. Al quitar su enfermedad, Jesús también eliminó su impureza. Jesús no se contaminó al ser tocado por una persona impura. Fue como si el agua de repente fluyera cuesta arriba. Solo Jesús puede revertir el flujo de la contaminación.

En consecuencia, este milagro sirve como una imagen poderosa de la limpieza del pecado que viene cuando ponemos nuestra fe en Jesús. Al igual que esta mujer, Israel había estado impuro y sin poder hacer nada al respecto durante cientos de años. El profeta Isaías le había mandado al pueblo de Judá: «Lavaos, limpiaos, quitad la maldad de vuestras obras de delante de mis ojos; cesad de hacer el mal» (Isa. 1:16), pero Israel nunca se las había arreglado para quitar su propia impureza. Ahora, vemos que Jesús vino a cumplir la segunda mitad de la profecía de Isaías: «Venid ahora, y razonemos —dice el Señor— aunque vuestros pecados sean como la grana, como la nieve serán emblanquecidos; aunque sean rojos como el carmesí, como blanca lana quedarán» (Isa. 1:18).

Si el sufrimiento de esta mujer no hubiera sido prolongado, ella no habría sido una señal tan poderosa de la redención que había llegado a Israel. No eligió estar enferma, pero sí escogió responder en fe cuando se encontró con Aquel que podía sanar tanto su cuerpo como su alma. Su vida se transformó en una parábola, tan educativa como las parábolas ficticias que contaba Jesús. Al igual que esta mujer, el pueblo de Israel había estado esperando a Jesús.

No podían sanarse a ellos mismos. Jesús había venido a quitar la impureza de Israel al perdonar sus pecados, pero el pueblo debería acudir a Él en fe. Aunque no podemos extender la mano y tocar el manto de Jesús, podemos responderle con la misma fe que mostró esta mujer.

## Cómo esperar bien mientras esperamos sanidad

¿Qué significa esperar bien mientras anhelas la sanidad? Esperar bien supone orar por sanidad y buscar una cura a través de la medicina. También significa reconocer que Dios puede tener propósitos para demorar esa sanidad. Uno de los propósitos puede ser recordarles a las personas saludables que te rodean que nuestros cuerpos no duran para siempre. Las tiendas no fueron hechas como una morada permanente.

Todos anhelamos la restauración que vendrá cuando Dios nos dé un cuerpo nuevo y resucitado. Todavía no tenemos ese cuerpo. Hasta entonces, somos aquellos «que no vieron, y sin embargo creyeron» (Juan 20:29). Así como la mujer con el flujo de sangre era una parábola viva de la necesidad de limpieza de Israel, los que sufren en el cuerpo sirven como una parábola de nuestra necesidad de resurrección. ¿Cómo podría suceder esto? Si sufres de una enfermedad terminal, tu vida es una evidencia viva del Salmo 103:15-17:

> El hombre, como la hierba son sus días;
> como la flor del campo, así florece;
> cuando el viento pasa sobre ella, deja de ser,
> y su lugar ya no la reconoce.
> Mas la misericordia del Señor es desde la eternidad
> hasta la eternidad, para los que le temen.

Los que te ven recordarán que no se nos promete una larga vida. No tenemos garantías de nuestra salud ni de la continuidad de nuestra existencia; solo el amor de Dios para aquellos que le temen dura para siempre. En última instancia, todos tenemos un diagnóstico terminal y debemos arrepentirnos antes de que sea demasiado tarde. Mientras esperas la sanidad, sabiendo que tal vez no llegue de este lado del Jordán, puedes ayudar a los demás a ver su necesidad urgente de arrepentirse y creer antes de que se acabe el tiempo.

Tal vez tu enfermedad no sea terminal, pero vives con dolor crónico. Vives con un recordatorio diario y palpitante de que no todo está como debería. Este es un mensaje que necesita escuchar nuestra cultura adicta al control y las soluciones fáciles. Hay problemas que no se pueden resolver uniéndose a un gimnasio, ganando más dinero o encontrando personas que te entiendan. Nuestro mundo está roto, y toda la inteligencia y el poder adquisitivo que existen no pueden enmendarlo. Si tu dolor aumenta tu anhelo del cielo, y hablas con libertad de esa esperanza, serás una poderosa señal que apunte a la restauración que vendrá cuando Cristo vuelva.

Hay muchas otras categorías de enfermedades, y el propósito de la parábola de tu enfermedad tal vez no te resulte obvio de inmediato. Tu enfermedad puede ser complicada. Quizás sea culpa de otra persona.

Tal vez sea difícil desenredarla de tus propias conductas pecaminosas y adictivas. Pero te aseguro que el poder de Dios es lo suficientemente grande como para contar Su historia a través de ti. Tan solo ahondando en la historia de Dios, podemos esperar entender la nuestra.

## La fortaleza perfeccionada en la debilidad

Hay otra manera en la que puedes permitir que la gloria de Dios brille a través de tu historia, y es permitiendo que Su fortaleza se perfeccione en tu debilidad. En el primer aniversario de la muerte de Tim, Annie nos pidió a sus amigos que le escribiéramos diciéndole cómo habíamos visto que Dios redimía el cáncer de Tim. Yo le escribí:

> Desde que conozco a Tim y lo vi sufrir de cáncer, ya no me cuesta entender estas palabras de 2 Corintios 12:9: «Te basta mi gracia, pues mi poder se perfecciona en la debilidad». Tim fue, al mismo tiempo, la persona más débil y la más fuerte que conocí. Cuanto más se debilitaba su cuerpo, más quedaba en claro que su resistencia no venía de su entrenamiento como paracaidista, de su estilo de vida saludable ni de su carácter. Era el Espíritu Santo que lo sostenía. Pienso en la imagen de una lámpara de aceite. La mecha debería consumirse, pero no lo hace mientras sigue absorbiendo aceite. Tim se habría dado por vencido años atrás si hubiera estado corriendo la carrera con sus propias fuerzas, pero la fortaleza de Dios lo sostuvo hasta el final. Si Tim no hubiera soportado la debilidad, no habríamos visto la fortaleza. Si Tim hubiera vivido una vida larga y saludable y hubiese muerto libre de dolor, todos igualmente habríamos dicho qué persona grandiosa, fuerte y competente que era, pero jamás habríamos visto de manera tan vívida el poder de Dios manifestándose en Su siervo dispuesto.

Mientras te sientas fuerte, tú y todos los que te rodean tal vez se vean tentados a creer que *eres* fuerte. Cuando sabes, más allá de toda duda, que eres débil, te transformas en un recipiente donde puede manifestarse la fortaleza de Dios en ti. ¿Estás dispuesto a que Dios brille a través de ti de esta manera?

Polly Carey era la hija de un tejedor de Northampton-shire, Inglaterra. No la conoceríamos si no hubiera sido la hermana de Guillermo Carey, el hombre al cual llamamos el «padre de las misiones modernas». Polly sufría de una enfermedad degenerativa en la columna vertebral. Mientras su hermano pasaba la vida como misionero en India, Polly pasó la suya dependiendo de otras personas. Cuando tenía veinticinco años, ya estaba completamente paralizada, excepto por su brazo derecho. Vivía con su hermana Ann y estuvo confinada a la cama por más de cincuenta años. Durante las últimas tres décadas de su vida, no pudo hablar y se comunicaba escribiendo en una pizarra.

Polly no eligió esa vida. A veces, su descontento se veía en su correspondencia. Sin embargo, a pesar de que su ministerio no fue claramente visible, tuvo un efecto poderoso sobre la nación de India —y el movimiento misionero moderno— a través de sus oraciones por su hermano y el ánimo que le dio con sus cartas hasta el final de su vida. Sustentaba a las mujeres de su pueblo enseñando una clase bíblica, ¡aunque las alumnas tenían que amontonarse alrededor de su cama!

La enfermedad crónica de Polly la hizo depender de su hermano para el apoyo financiero y de su hermana para su cuidado físico. Pero lo más importante, la hizo depender del Espíritu Santo para su gozo, trascendencia e influencia. Se dice que su pastor dijo de ella: «Su obra en medio de su aflicción, a su manera, fue tan maravillosa como la que forjó su gran hermano».[7]

Naturalmente suponemos que, si Dios nos va a usar, lo hará a través de una vida activa y caracterizada por una obra y un ministerio satisfactorios y una vida familiar ocupada. Pero Dios puede escoger un camino diferente que sea igualmente necesario para Su reino y que muestre Su poder a través de nuestra debilidad.

Mientras esperas, sigue orando por sanidad, pero ora también pidiendo la fortaleza de Dios para ser perfeccionada en tu debilidad mientras Él retenga la salud. No hay cuerpo tan roto que no pueda ofrecerse a Dios como sacrificio vivo, y no hay brazo tan enclenque que no pueda blandir la espada del Espíritu.

# 5

# A la espera de un hogar

El reino de Dios es el lugar donde pertenecemos. Es
nuestro hogar, y más allá de si somos conscientes de
esto o no, creo que todos lo anhelamos con añoranza.

Frederick Buechner, *Secrets in the Dark*
[Secretos en la oscuridad]

Chris y Mandy crecieron en el campo misionero. Los padres
misioneros de Mandy trabajaban en Kazajistán, mientras
que Chris creció con su familia en las Islas Salomón, en el
Pacífico sur. Se conocieron en el internado, y compartían el
deseo de regresar al campo misionero.

Los conocí cuando Chris vino al seminario de Alabama,
en Estados Unidos. Para entonces tenían dos hijos. Chris
y Mandy planeaban mudarse a las Islas Salomón, donde
él podría ministrar como pastor y traductor de la Biblia.
A medida que se acercaba su graduación del seminario, los

líderes de la iglesia de las Islas Salomón le pidieron a Chris que obtuviera un doctorado antes de volver a mudarse a las islas, para que pudiera capacitar a otros pastores en el nivel del seminario.

A Chris lo aceptaron en un programa de doctorado en Nueva Zelanda, así que se mudó con su familia (que ahora incluía un tercer hijo) al otro lado del mundo. Le permitieron a cada hijo quedarse con un par de sus juguetes favoritos, pero vendieron o regalaron la mayoría de sus pertenencias, y llevaron solo lo que les entraba en las maletas.

Mientras estaban en Nueva Zelanda, Mandy dio a luz a un cuarto hijo. Chris terminó su doctorado en tiempo récord, y volvieron a mudarse al otro lado del mundo. Para esa época, el hijo mayor se había acostumbrado a vivir en Nueva Zelanda y no quería irse. Sin embargo, una vez más, tuvieron que elegir un juguete favorito y empacar sus maletas.

Para reunir apoyo financiero, Chris y Mandy viajaron por Estados Unidos durante un año, quedándose en casa de amigos y familiares. Por fin, después de juntar suficiente dinero y sacar las visas correspondientes, se mudaron al Pacífico. Alcanzaron su objetivo ministerial, pero sus hijos siempre serán niños «de tercera cultura», que no se sentirán completamente en casa en ninguna cultura.

Aunque Chris y Mandy llevan vidas de fidelidad al llamado de Dios, han tenido que sacrificar las comodidades de echar raíces, hacer nido o cultivar amistades que los acompañen el resto de la vida. Son una viva imagen de Hebreos 13:14: «Porque no tenemos aquí una ciudad permanente, sino que buscamos la que está por venir».

## Con nostalgias de hogar en nuestro propio hogar

G. K. Chesterton declaró que «los hombres tienen añoranzas de su hogar en sus hogares».[8] Aunque la mayoría de nosotras tiene más que un techo adecuado, muchas vivimos con anhelos insatisfechos de un hogar. Tal vez anheles el hogar porque te has mudado tantas veces que ya ni sabes dónde está realmente tu hogar. Quizás vivas lejos de tu familia y añores vivir más cerca. Tal vez extrañes a familiares de los cuales te gustaría vivir cerca. Algunos viven con una añoranza de un hogar donde se sientan seguros y amados.

Mi amiga Stacy vivió en hogares de tránsito desde los doce hasta los dieciocho años. Tuvo cinco hogares de tránsito diferentes en seis años, y la trasladaron más de veinte veces a hogares grupales y centros de detención mientras esperaba que la ubicaran. Al no tener raíces ni estabilidad, se sentía sumamente indeseada. Aprendió a no encariñarse con nadie, porque nunca sabía cuándo volverían a trasladarla. Todavía sigue luchando para sentirse segura como adulta.

A veces, la vida puede parecer una larga transición. Escuché a una mujer soltera describir su anhelo de un hogar como el deseo de vivir en alguna parte durante diez años. Había vivido año a año con distintas compañeras de habitación en diferentes lugares. Anhelaba un hogar donde hacer su nido, sabiendo que no tendría que empacar una vez que se terminara el contrato de alquiler anual. En realidad, no anhelaba una casa, sino más bien permanencia y raíces.

Tal vez hayas tenido un hogar y ya no lo tienes. Quizás la pérdida de tu cónyuge te obligó a dejar atrás el hogar que crearon juntos. Si tus padres fallecieron, tal vez hayas tenido la experiencia de vender el hogar de tus recuerdos de la infancia. Quizás hayan tenido que dividir con tus hermanos la vajilla en la cual comían en las fiestas, y donar los utensilios de cocina de tu madre y tu abuela a personas necesitadas. Desarmar una casa cuando alguien muere es un paso necesario en la vida, pero desde una perspectiva terrenal, es terriblemente triste.

¿Por qué tenemos añoranzas de hogar? Aunque nuestro anhelo de un hogar puede concentrarse en cuestiones menos que ideales sobre el lugar donde vivimos o la persona con la cual vivimos, en el fondo, sentimos añoranzas porque *este no es nuestro hogar*. Si crees en Jesús, eres una ciudadana del cielo (Fil. 3:20). Vivimos en la tierra, pero «esperamos nuevos cielos y nueva tierra, en los cuales mora la justicia» (2 Ped. 3:13).

## La vida como residentes temporales

Desde el inicio del trato de Dios con Su pueblo, Él les prometió un hogar. Paradójicamente, la promesa de Dios a Abraham de darle su propia tierra y transformarlo en una gran nación dependía de que Abraham dejara atrás su hogar en la tierra de Ur (Gén. 12). Cuando se fue de Ur, dejó atrás a los dioses que adoraba su padre. Abraham obedeció a Dios, pero la tierra que Él le había prometido estaba llena de otras naciones que adoraban a otros dioses. El escritor de Hebreos resume la vida de Abraham de la siguiente manera:

> Por la fe Abraham, al ser llamado, obedeció, saliendo para un lugar que había de recibir como herencia; y salió sin saber adónde iba. Por la fe habitó como extranjero en la tierra de la promesa como en tierra extraña, viviendo en

tiendas como Isaac y Jacob, coherederos de la misma promesa. (Heb. 11:8-9)

Abraham vivió en la tierra prometida, pero vivió allí como un residente temporal. No labró la tierra ni se construyó ningún palacio. Vivía en tiendas y hacía pastar las ovejas. El padre del pueblo escogido de Dios, al cual se le había prometido una tierra para sus descendientes, era un nómade. Pero Abraham no consideraba que la promesa de Dios no se hubiera cumplido. Tenía la mirada puesta más adelante, en algo más grande: «porque esperaba la ciudad que tiene cimientos, cuyo arquitecto y constructor es Dios» (Heb. 11:10).

Abraham creía en la promesa divina de que llegaría el día en que sus descendientes poseerían la tierra que Dios le había prometido, y ya no tendrían que vivir allí como extraños entre naciones que servían a otros dioses. Esta promesa se cumplió temporalmente durante los reinados de David y Salomón. Pero se cumplirá de manera perfecta y permanente cuando los hijos espirituales de Abraham habiten en la Nueva Jerusalén (Apoc. 21:9-27). Cuando Abraham falleció, la única tierra que le pertenecía era la cueva donde lo sepultaron, que les había comprado a los heteos. Hebreos dice sobre él y sus hijos:

> Todos estos murieron en fe, sin haber recibido las promesas, pero habiéndolas visto y aceptado con gusto desde lejos, confesando que eran extranjeros y peregrinos sobre la tierra. Porque los que dicen tales cosas, claramente dan a entender que buscan una patria propia. Y si en verdad hubieran estado pensando en aquella patria de donde salieron, habrían tenido oportunidad de volver. Pero en

realidad, anhelan una patria mejor, es decir, celestial. Por lo cual, Dios no se avergüenza de ser llamado Dios de ellos, pues les ha preparado una ciudad. (Heb. 11:13-16)

Abraham no regresó a la tierra de sus padres ni a los dioses que ellos adoraban. Prefirió vivir en tiendas sabiendo que lo aguardaba una ciudad celestial. Sabía que valía la pena esperar aquel hogar.

## La vida como exiliados

Los exiliados viven de manera distinta a los inmigrantes. Un inmigrante eligió su nueva tierra. Junto con su familia, se integran a la nueva comunidad. Aprenden el idioma y las costumbres, y no esperan que sus hijos regresen a la tierra que dejaron atrás. Pero un exiliado prefiere estar en su tierra natal. Tuvo que irse, pero espera regresar. No importa si vive en un campamento de refugiados o en una embajada, se esfuerza por mantener intacta su identidad nacional.

El profeta Daniel era un verdadero exiliado en Babilonia. Quitado de su tierra natal de Judá por orden del rey Nabucodonosor, lo arrojaron a la vida lujosa de un palacio en Babilonia. Daniel sabía que no podía comer los alimentos y el vino exquisitos que le servirían (los cuales probablemente habían sido ofrecidos como sacrificios a ídolos paganos) si quería cumplir la ley de Moisés que Dios le había concedido en Su gracia al pueblo judío. Decidió cumplir la ley del Dios de Israel, aunque estaba en un lugar donde le habría convenido asimilar y adorar a los dioses locales.

Daniel no se transformó en una molestia para los babilonios. Es más, era tan sabio que se volvió invalorable para los gobernantes del imperio; primero para Nabucodonosor, y luego para Darío. Vivir como exiliado fiel también le trajo enemigos. Encontró tal favor con el rey que los demás oficiales estaban celosos y querían deshacerse de él. Dijeron: «No encontraremos ningún motivo de acusación contra este Daniel a menos que encontremos algo contra él en relación con la ley de su Dios» (Dan. 6:5).

Los enemigos de Daniel decidieron explotar su fidelidad. Cuando aprobaron una ley según la cual nadie podía orar a ningún dios que no fuera el rey Darío, Daniel eligió obedecer la ley de Dios en lugar de la del hombre. Siguió orando al Dios de Israel tres veces al día, tal como sus enemigos sabían, y terminó en un foso lleno de leones. El rey Darío estaba tan perturbado por perder a su consejero de confianza que se quedó despierto toda la noche esperando a ver qué pasaba con Daniel. Cuando lo encontró con vida a la mañana siguiente, alabó al Dios de Daniel y arrojó a los que lo habían acusado al foso de los leones.

¿Qué oraba Daniel tres veces al día? Oraba para que Dios hiciera regresar a Su pueblo a la tierra prometida. Sin embargo, mientras añoraba y oraba, servía a los demás en el exilio. Vivía como judío, en lugar de como babilonio o persa, y no comprometió su identidad como hijo de la promesa. Si te sientes como una exiliada, fuera de sintonía con aspectos de la cultura de este mundo y a veces despreciada, no estás sola.

### La promesa del hogar

Los cristianos en todas las edades han dejado sus hogares para extender el evangelio. Pueden hacerlo al confiar en la promesa de Jesús de restaurar lo que fué sacrificado: «Y todo el que haya dejado casas, o hermanos, o hermanas, o padre, o madre, o hijos o tierras por mi nombre, recibirá cien veces más, y heredará la vida eterna» (Mat. 19:29).

Jesús no nos pide que entreguemos algo que Él no haya dado. Él dejó Su hogar con Su Padre para venir a la tierra a redimirnos. Aunque tuvo una familia terrenal, pasó los tres años de Su ministerio viajando y dependiendo de la hospitalidad de otros. Les advirtió a los que lo seguían: «Las zorras tienen madrigueras y las aves del cielo nidos, pero el Hijo del Hombre no tiene dónde recostar la cabeza» (Luc. 9:58).

Los que dejan su hogar por causa de Cristo no lo hacen porque su vínculo con su hogar sea débil. En cambio, su vínculo con su hogar celestial —el que Jesús promete— es tanto más fuerte que los libera para soltar su casa terrenal, las raíces familiares y los bienes materiales.

Unos amigos míos compraron una casa que necesitaba mucha remodelación. Mientras esperaban que se terminara la obra, vivieron en un departamento. No pasaron meses en el departamento quejándose de lo pequeño e inadecuado que era para su familia. Sabían que pronto se mudarían a la casa de sus sueños. El conocimiento de la casa que los esperaba hizo que los meses que pasaron atiborrados en un lugar pequeño fueran fáciles de soportar. Son una parábola de cómo deberíamos esperar. Mantener la mirada en el hogar que vendrá nos ayudará a prosperar en este mundo que no es nuestro hogar.

### Cómo esperar bien mientras esperamos un hogar

¿Que no estemos todavía en nuestro hogar eterno significa que no debería importarnos dónde y cómo vivir? ¿Significa que deberías dejar de reciclar y renunciar a la asociación de vecinos? De ninguna manera. C. S. Lewis presenta una imagen bien distinta de la mentalidad del residente temporal:

> Si lees sobre historia, descubrirás que los cristianos que más hicieron por el mundo presente fueron aquellos que pensaban más en el próximo. Los mismos apóstoles, que emprendieron la conversión del Imperio romano, los grandes hombres que edificaron la Edad Media, los evangélicos ingleses que abolieron el tráfico de esclavos, todos dejaron su marca sobre la tierra precisamente porque su mente estaba ocupada con el cielo. Desde que los cristianos han dejado en gran parte de pensar en el otro mundo, se han vuelto tan ineficaces en esto. Apunta al cielo y obtendrás la tierra «como añadidura»; apunta a la tierra, y no obtendrás ninguna de las dos cosas.[9]

Lewis destaca la verdad de las palabras de Jesús en Mateo 16:25: «Porque el que quiera salvar su vida, la perderá; pero el que pierda su vida por causa de mí, la hallará». Cuando sabes que tu hogar está en el cielo, te dispones a correr más riesgos en esta vida. Puedes sacrificarte por tu prójimo porque no te obsesiona proteger lo que es tuyo.

Esperar tu hogar celestial debería liberarte para invitar a toda clase de personas a tu hogar terrenal. Puedes invitar a los pobres y a los niños, sin temor a que se lleven o rompan algo. Pero, en vez de volverte descuidada con tu hogar, una mentalidad puesta en el cielo debería inspirarte a lograr que tu casa sea acogedora y agradable para otros.

He notado que las personas que suelen destacarse a la hora de recibir amigos y conocidos en sus hogares para las fiestas son aquellas que viven en un lugar donde no tienen familia extendida. Si vives en la ciudad donde creciste y estás rodeada de parientes, probablemente tengas obligaciones familiares durante las fiestas. Si tu familia come la cena de Nochebuena en la casa de tu abuela y se reúne a almorzar en Navidad en la casa de tus suegros, tal vez no tengas la libertad de invitar a las personas de tu iglesia que no tienen planes para Navidad. Sin embargo, la gente que vive lejos de su ciudad natal y su familia tiene la oportunidad de recibir a extraños en sus casas en estos días especiales. Hay más lugar en la mesa.

En las comunidades de expatriados en el extranjero, acostumbran a reunirse para celebrar las fiestas de sus países natales. Los estadounidenses que viven en cualquier otra parte, desde Escocia a Singapur, celebran Acción de Gracias con lo más cercano a un pavo que puedan encontrar. Este debería ser nuestro modelo al buscar vivir como ciudadanas del cielo en nuestro hogar terrenal. Estamos unidas a otros cristianos por el amor por nuestra patria. Podemos celebrar en la comunión de esa ciudadanía en común cada vez que dos creyentes se reúnen, no solo durante las fiestas. Y al igual que los expatriados que reciben a lugareños en sus casas para enseñarles sobre las tradiciones de su patria, también deberíamos anhelar invitar a los perdidos a nuestra mesa. Cuantos más seamos, mejor.

### Una casa con muchas habitaciones

Mientras escribía este libro, la necesidad de esperar mi hogar celestial se volvió muy personal para mí. Dejé mi ciudad natal, en la cual tenía raíces profundas y vínculos fuertes para mudarme a la ciudad de Nueva York, donde mi esposo está siguiendo el llamado de Dios para su vida.

Dejé un lugar donde los bienes raíces son accesibles y los niños crecen con patios traseros para venir a una ciudad donde la densidad de población y los alquileres exorbitantes significan que debemos vivir en apenas unas pocas habitaciones. Tuve que hacer una selección importante entre mis posesiones terrenales para quedarme con lo que entraba en un espacio limitado de guardado en nuestro departamento «acogedor». Mientras me sentía tentada a lamentarme por la casa que dejaba atrás y las posesiones que iba distribuyendo, me recordé continuamente que, aunque el próximo paso para mí era un departamento minúsculo, mi destino final es una casa con muchas habitaciones.

Tal vez pienses que una persona verdaderamente espiritual no anhela una casa grande con muchas habitaciones. Pero eso es exactamente lo que Jesús nos promete:

> No se turbe vuestro corazón; creed en Dios, creed también en mí. En la casa de mi Padre hay muchas moradas; si no fuera así, os lo hubiera dicho; porque voy a preparar un lugar para vosotros. Y si me voy y preparo un lugar para vosotros, vendré otra vez y os tomaré conmigo; para que donde yo estoy, allí estéis también vosotros. (Juan 14:1-3)

La casa no solo es grande, sino también bien preparada. En mi mente, eso evoca imágenes de pintura nueva, una despensa bien llena y ropa de cama nueva. Y, aunque quizás nunca vivas en una casa lo suficientemente grande como para albergar a todas las personas que amas, esta sí lo será. No solo habrá lugar para nosotros, sino que habrá habitaciones para todos aquellos que amas y que han nacido otra vez para vida eterna. Sin embargo, lo que hará que esta casa sea un hogar no serán las muchas habitaciones ni las otras personas que vivan ahí.

Una vez, tuve una compañera de habitación que se enamoró de un hombre que conoció en Europa. Ella vivía en Georgia, Estados Unidos, así que tuvieron un noviazgo transatlántico. A medida que fue enamorándose más y más, la consumía el deseo de estar con él. Estoy segura de que habría vivido en una choza de una habitación y sin instalaciones sanitarias si él hubiera estado ahí. Para ella, el hogar se trataba más de la persona con la que quería estar que de un lugar o comodidades.

Solo estaremos verdaderamente en casa cuando estemos con nuestro Novio. Aunque las visiones del cielo descritas en el libro de Apocalipsis incluyen puertas con piedras preciosas y calles de oro, no son la principal atracción. El cielo será el cielo porque Dios estará ahí. Probablemente ni notemos el mar de cristal ni las puertas de perla porque solo tendremos ojos para nuestro amado. Estar con Él será estar por fin en casa.

# 6

# A la espera de un pródigo

¿Sigue ardiendo aquella lámpara en la casa de mi
Padre, la cual encendió la noche que me fui?

Christina Rossetti, «*A Prodigal Son*»
[Un hijo pródigo]

**pródigo** (adj.): imprudentemente extravagante; descarriado.

Susan recuerda a su hijo primogénito, Martin, como un niñito
encantador. Era compasivo y gracioso, y amaba a su herma-
nita. Cuando Martin tenía nueve años, su papá se fue. Aunque
Susan sabe que esto lastimó profundamente a su hijo, él nunca
habló demasiado al respecto ni reconoció que le molestara.

Martin siguió siendo un buen chico y un buen estudiante
hasta pasar la adolescencia. Se fue a la universidad y lo
aceptaron en la facultad de abogacía. Susan notó que parecía costarle un poco el último año de universidad, pero se
decía que no debía preocuparse.

Durante el primer semestre de la escuela de posgrado de Martin, toda su vida empezó a descarrilarse. Susan encontró marihuana en su habitación. Aunque esto fue devastador, se dijo: «Ahora que lo descubrí, se detendrá». Martin no se detuvo, y tuvo que dejar su posgrado. Fue perdiendo el control a medida que la adicción a las drogas lo atrapaba y se transformaba en la fuerza motora de su vida.

Susan se sentía destrozada. No podía entender por qué le sucedía esto a su precioso hijo. Se preguntaba por qué los hijos de otros padres habían salido tan bien. ¡Esto no se suponía que debía suceder en su familia! El dolor de observar cómo su hijo se autodestruía la consumía. Pensaba en él todo el tiempo.

A medida que Martin siguió alimentando su adicción durante años, Susan pasó por diversas fases de dolor y emoción. A veces, se distanciaba de él. Daba un paso atrás y trataba de no pensar en la situación ni de enterarse de lo que le sucedía. Enterraba su dolor.

Después de un tiempo, la solidaridad y la compasión de Susan volvían a inundarla y rompían las paredes que había levantado entre ella y su dolor. Intentaba ayudar a Martin quien, a pesar de su atadura a las drogas, seguía siendo compasivo y gracioso como siempre. Martin se internó en clínicas de rehabilitación y recayó varias veces. Por momentos, no tenía dónde vivir, y muchas veces, Susan no tenía idea de dónde estaba.

Susan llevó su corazón destrozado por el dolor ante el Señor. Durante años, luchó con Dios, preguntándole por qué había permitido que esto le sucediera a *su* hijo. Un día, mientras estaba orando, por fin entendió la respuesta a su pregunta. La vida de adicción de Martin no era ninguna sorpresa para Dios, y Él había elegido a Susan en forma soberana para que fuera su madre.

Darse cuenta de esto reorientó la manera de pensar de Susan. Le permitió ver a Martin no como un problema a resolver, sino como alguien que Dios le había confiado para amar en forma incondicional.

Susan consideró que esta era la etapa final de aceptación de la adicción a las drogas de su hijo y un llamado a amarlo. Una vez escuchó a alguien decir que Dios también tiene problemas con Sus hijos, y esta idea la reconforta. La historia de Martin no ha terminado, y Susan sigue esperando y orando que no sea un pródigo para siempre. Todavía tiene luchas, pero afirma con confianza: «Más allá de lo que depare el futuro, él es mi hijo, y no lo cambiaría por nadie más».

## El hijo pródigo

No es difícil entender cómo el amor de un padre por un hijo pródigo puede ser una parábola del reino, porque ese es justamente el punto de la parábola más famosa que relató Jesús. En Lucas 15, Jesús contó una historia sobre un hombre rico que tenía dos hijos. Uno pidió su herencia antes de tiempo, se fue del hogar y vivió como si no hubiera un mañana. Su estilo de vida libertino llegó a su fin cuando se quedó sin dinero y tocó fondo. Entonces, buscó trabajo con un criador de cerdos, pero tenía tanta hambre que hasta la comida de los cerdos le parecía apetecible.

Cuando entró en razón, se dio cuenta de que, si iba a ser un sirviente, era mejor que fuera un sirviente en la casa de su padre, donde los siervos estaban bien alimentados. No sabemos si se arrepintió ni si lamentaba el dolor que le había causado a su padre. Pero sí sabemos que su padre lo recibió con brazos abiertos antes de que el muchacho siquiera pudiera decir una palabra. No lo transformó en un siervo, sino que celebró su regreso como si fuera un héroe de guerra. El padre quería que todos compartieran su alegría, y proclamó: «porque este hijo mío estaba muerto y ha vuelto a la vida; estaba perdido y ha sido hallado» (Luc. 15:24).

Jesús contó esta parábola, junto con las historias de la oveja y la moneda perdidas, en respuesta a los fariseos que lo reprendían por comer con pecadores. Al padre de la historia no le importaba si al hijo no le había quedado un centavo de su herencia o si había estado juntándose con cerdos (impuros). Tenía a su hijo de vuelta. Jesús comía con los pecadores porque son los hijos pródigos de Dios. No se merecen un lugar en la mesa, pero Dios se lo ofrece porque los ama. Nosotras tampoco merecemos un lugar en la mesa, pero Él nos lo da porque nos ama. Es nuestro Padre.

### El cónyuge pródigo

Hay otra parábola de un pródigo en la Biblia. No la cuenta Jesús; en cambio, el profeta Oseas la vive en carne propia. Dios le dijo a Oseas que se casara con una prostituta. El profeta la tomó de los hombres que la habían comprado, le dio un hogar y tuvo hijos con ella. Ella no se quedó con él, sino que volvió corriendo a su vieja vida, la vida de la cual Oseas la había rescatado.

Dios no permitió que Oseas dejara a su mujer. Le indicó que fuera y volviera a comprarla. Piensa en lo doloroso que debe haber sido para un esposo cuya esposa había huido de su amorosa provisión tener que comprársela a otro hombre. Pero Oseas lo hizo porque Dios lo ha hecho por nosotros. Aunque ella no lo había amado, él sí la amó.

A través de la historia de Oseas, Dios le envió un poderoso mensaje a Su pueblo. A pesar de que habían servido a otros dioses y se habían alejado de Su amor, Él no se dio por vencido con ellos. Los amaba y los redimiría para que pudieran regresar a la seguridad de Su amor. Declaró: «Yo sanaré su apostasía, los amaré generosamente, pues mi ira se ha apartado de ellos» (Os. 14:4).

Trágicamente, hay matrimonios que siguen viviendo esta dolorosa parábola hoy. Lynn y su esposo habían estado casados doce años cuando ella empezó a darse cuenta de que algo andaba mal en su matrimonio. Al principio, no sospechó de un amorío, porque no podía creer que su esposo, un cristiano declarado, quebrantara sus votos matrimoniales. Era médico y a menudo trabajaba hasta tarde, pero una Nochebuena, directamente no volvió a su casa.

Esa Navidad fue el inicio de años de infidelidad, separaciones e intentos de reconciliación. El esposo de Lynn mentía sobre sus aventuras amorosas, lo cual hacía que fuera prácticamente imposible saber cuándo era genuino su arrepentimiento. Lynn recuerda vívidamente estar sentada con él en una cafetería cuando él le pidió que lo perdonara por su infidelidad, mientras ella sabía que su plan después de salir de allí era irse a dormir con otra mujer.

Lynn oró por su esposo para que se arrepintiera. Dedicaron cientos de horas a sesiones de terapia juntos. Podría haberse divorciado de él enseguida, pero el deseo de su corazón era que la relación fuera restaurada y su familia se sanara. No quería solamente que dejara de tener aventuras amorosas y empezara a vivir en rectitud. Anhelaba conocer su corazón, pero él no quería dejarse conocer. En cambio, la traicionó una y otra vez.

Si tu cónyuge te ha traicionado o ha traicionado a Dios, como en el caso de Lynn, conoces algo del dolor que experimentó Oseas. Y conoces algo del dolor que experimenta Dios cada vez que uno de Sus hijos cambia Su amor inagotable por algún placer pasajero que el mundo ofrece. Él no está buscando apenas una buena conducta; está buscando intimidad con nosotras.

### Satanás, el experto en multitareas

Cuando Satanás ataca a nuestra familia, también nos ataca a nosotras. Le encanta matar dos pájaros de un tiro. Cuando tu hijo o tu cónyuge está atrapado en el pecado o la incredulidad, es sumamente tentador transformar a esa persona en el centro de tu fe. Tu caminar espiritual puede dejar de tratarse de tu salvación a través de la fe en Cristo para pasar a ser una campaña desesperada por salvar al pródigo que amas. A medida que pasa el tiempo, si no ves una respuesta a tus oraciones por tu pródigo, quizás te veas tentada a dudar.

Por otra parte, tal vez te veas tentada a endurecer tu corazón como hizo el hermano mayor en la parábola del hijo pródigo. Aun mientras oras para que tu pródigo se arrepienta, tal vez te encuentres comparando tu propia vida con la de él y sintiéndote muy conforme contigo misma. Quizás pienses: «Yo jamás haría lo mismo que él», aunque no lo expreses en voz alta. Cuidado con la pretensión de superioridad moral. Es igual de destructiva para el alma que la promiscuidad, y mucho más engañosa.

Cuando Satanás ataca a alguien que amas, intenta atacar tu fe al mismo tiempo, con dudas o con orgullo. No tienes por qué ser víctima de su engaño. Por la gracia de Dios, esperar a un pródigo en realidad puede fortalecer tu fe. Una mujer cuyo esposo abandonó a Cristo a mitad de su matrimonio me dijo que los tristes acontecimientos le habían permitido llegar a un punto de inflexión en su fe. Se dio cuenta de que Dios incluso podía usar la crisis de fe de su esposo para bien. El Señor quería que su fe creciera a pesar de la pérdida de fe de su esposo. No podía quedarse estancada mientras esperaba que su esposo regresara. Creció y floreció, y llegó a depender más de Dios cuando su esposo dejó de caminar con ella en el ámbito espiritual.

Lynn tuvo un punto de inflexión similar cuando empezó a asistir a una iglesia que enfatizaba la soberanía de Dios. «Recuerdo que muchas veces pensé que, si Dios hubiera querido que las cosas fueran diferentes en nuestro matrimonio, habría podido cambiarlas en un instante. Pero en ese momento, había decidido no hacerlo». En lugar de generarle amargura contra Dios, reconocer esto le trajo consuelo. La ayudó a entender que incluso la infidelidad de su esposo era algo que Dios podía usar para bien en su vida.

Lo mejor que puedes hacer por el pródigo en tu vida es crecer en tu propia fe. Esa persona necesita que seas su guerrera de oración, y los guerreros necesitan un buen sustento. Si buscas a Dios con todo tu corazón, tu alma y tus fuerzas mientras esperas el regreso de tu pródigo, una de las estrategias favoritas de Satanás se verá frustrada.

Una de las otras multitareas que puede intentar Satanás es destruir otras relaciones en tu vida. Si tienes un hijo pródigo, tú y tu esposo tal vez no se pongan de acuerdo en cómo interactuar con él. Tal vez uno quiera practicar el amor firme mientras que otro quiere ir a su rescate. Las parejas deben resistir la tentación de volverse el uno contra el otro mientras esperan a un pródigo. Aun si no están de acuerdo en cuanto a cómo abordar a su pródigo, hagan todo lo que puedan para evitar que el pecado de su hijo destruya su matrimonio.

La Biblia llama a Satanás «el acusador». Cuando tu hijo huye de Dios, el enemigo intenta aplastarte con culpa. «Es tu culpa —te dirá—. Te lo mereces». Si eres consciente de fallas pecaminosas como madre, confiésaselas a Dios. Después, acepta que Jesús ya pagó el castigo por ellas. Si sigues sacando viejos pecados del cajón, lo que estás expresando es que la muerte de Cristo no es suficiente para cubrir tu pecado. Lo mismo sucede si sigues recordando el pecado de tu esposo. No hay falla en la crianza que esté más allá del perdón de Dios.

Si tu cónyuge te abandonó, el acusador atacará tu autoestima. Tal vez te diga que no eres lo suficientemente linda o inteligente. Te recordará todas las maneras en las que no diste la talla. Debes combatir esto al encontrar tu valor y tu identidad como hija redimida de Dios. Fuiste tan preciosa para Dios que Jesús murió por ti. No lo hizo porque fueras linda o inteligente o tuvieras todo resuelto; lo hizo porque quería que fueras suya.

### Cómo esperar bien mientras esperamos a un pródigo

La oración es una gran parte de la espera por un pródigo. Oramos para que regrese y se arrepienta. Oramos para que Dios restaure relaciones rotas y redima los años desperdiciados. Oramos, para parafrasear las palabras de San Agustín, para que su corazón no halle descanso hasta que por fin pueda descansar en Dios.[10]

Las personas que esperan a un pródigo pasan por distintos ciclos de dolor y aceptación, al igual que Susan. Es bueno reconocer esto. Mientras que una semana tal vez estés llena de esperanza, la siguiente quizás sientas enojo. Habrá veces en que quizás te sientas cansada del pródigo. Sé sincera con el Señor, y ora de acuerdo adonde estés emocionalmente, no adonde creas que deberías estar.

Una madre de un pródigo me contó sobre una época en la que le costaba mucho orar. Sabía que Lucas 18:1 dice que debemos «orar en todo tiempo, y no desfallecer». Pero estaba tan desolada por su hijo y había orado tanto tiempo por su salvación que sentía que se le habían acabado las oraciones. Lo único que podía decirle a Dios era la referencia del versículo: «Lucas 18:1». Oraba esto todo el día, todos los días, sabiendo que Dios conocía su corazón y su deseo de que su hijo se arrepintiera, y que aceptaría una sencilla referencia bíblica como su oración.

Quizás sientas lo mismo por tu pródigo, pero te animo a que no escondas tu situación de otros. Dios es glorificado cuando responde la oración, y si hay otros que están orando por el pródigo en tu vida, la gloria de Dios será aún más grande si tu pródigo regresa. Tal vez te preocupe que otros te juzguen como madre o esposa, pero ¿acaso el temor de ese juicio amerita privarse de las oraciones del cuerpo de Cristo, oraciones que podrían llevar a tu pródigo al arrepentimiento?

Tal vez seas líder en tu iglesia, y temes que los demás piensen que eres un fraude si descubren que tu hijo se ha rebelado o que tu matrimonio ha fracasado. Aunque es cierto que la gente te verá de otra manera cuando descubra que tu familia no es perfecta, es probable que te sorprendan las nuevas puertas que se abren para el ministerio. Nadie quiere abrir su corazón ante alguien que nunca ha sufrido. Si haces público tu dolor, descubrirás que otros están más dispuestos a compartir sus propios temores y fracasos contigo.

Busca maneras en las que Dios ha usado tu situación dolorosa para acercarte más a Él. Durante años, Lynn temió que, si perdía su matrimonio, perdería también su identidad. Pero a medida que su esposo siguió sin arrepentirse y ella se aferró a las promesas de Dios, su identidad en Cristo adquirió una mayor importancia que su identidad como esposa. Lynn recuerda: «Dios realmente empezó a mostrarme más de quién es Él y de quién soy yo, más allá de estar unida a otra persona». No hace falta que esperes a ver cómo termina la historia de tu pródigo para celebrar la obra constante de Dios en tu propia vida, tal como lo hizo con Lynn.

Mientras esperas a tu pródigo, anhelo que te aferres a las promesas de Dios. Durante sus años de espera, Lynn llevaba siempre consigo un cuadernito espiralado con pasajes de la Escritura en los cuales meditar cuando sus temores la abrumaran. Se aferraba a Isaías 41:10, el cual memorizó:

> No temas, porque yo estoy contigo;
> no te desalientes, porque yo soy tu Dios.
> Te fortaleceré, ciertamente te ayudaré,
> sí, te sostendré con la diestra de mi justicia.

En cierto sentido, los temores de Lynn se hicieron realidad cuando se divorciaron con su esposo después de treinta y cinco años de matrimonio. Pero sus temores de estar sola y sin apoyo financiero se disiparon, ya que Dios cumplió Sus promesas y el cuerpo de Cristo la sostuvo. Aunque sin duda no elegiría que su historia se desarrollara como lo hizo, afirma con respecto a su pérdida: «Sé que Dios la usó de manera poderosa en mi vida para Sus propósitos». Las promesas de Dios nunca fallan.

## Una parábola del amor de Dios

El dolor por la relación rota con el pródigo en tu vida te permitirá vislumbrar el dolor que Dios siente cuando huimos de Él. Todo lo que harías para restaurar a tu pródigo refleja la perseverancia del buen Pastor que sale en busca de Sus ovejas. Al mirar el horizonte y esperar el regreso de tu pródigo, eres una parábola viva del amor inmerecido de Dios por nosotras.

Pero, así como tu dolor es una imagen poderosa del dolor de Dios por los perdidos, tu amor, por más fuerte que sea, es un reflejo imperfecto del suyo. Como seres humanos pecaminosos, nuestro amor suele estar contaminado con orgullo y egoísmo. Tal vez estés furiosa porque tu pródigo destruye tu reputación. Quizás haya momentos en los que quieras que sufra por lo que te hizo.

Si te encuentras respondiendo de manera pecaminosa a tu pródigo, permite que ese pecado te impulse a acudir a tu Padre. Aun mientras vives en la función de madre o cónyuge de un pródigo, debes recordar que, en relación con Dios, todos somos hijos pródigos. Él está igualmente dispuesto a perdonarte por amar de manera imperfecta a tu pródigo como el padre estuvo dispuesto a perdonar a su hijo por malgastar la herencia.

No hay mejor ilustración de la gracia de Dios que Su amor por los pródigos. Ellos no vuelven a ganarse Su favor. Él no espera que se limpien antes de permitirles entrar en Su presencia; lava sus pies y les da ropa nueva para ponerse.

Si amas a un pródigo, eres una representación viva del amor de Dios por los perdidos. El pródigo tal vez haya hecho todo lo posible por destruir tu confianza y buena voluntad, pero aun así, lo amas. No lo amas porque se lo merezca, sino porque te pertenece. Así es como Dios te ama.

# 7

# Sostenidas en la espera

En vida o muerte, salud o dolor,
a ricos y pobres que tengan Su luz,
en mar o en tierra, en todo lugar,
de todo peligro os libra Jesús.

*«Qué firmes cimientos»*

En este libro, he propuesto que la espera tiene una trascendencia teológica. Dios quiere que nuestras temporadas
de espera cuenten la historia de Su pueblo que aguarda Su
regreso para llevarnos a nuestro hogar eterno. Espero que
eso te entusiasme.

La pregunta sigue siendo: ¿cómo podemos esperar bien
toda la vida? Si nuestra espera no termina en esta vida,
¿cómo seguimos adelante hasta el final? Quizás la soltería
no sea tan mala hoy, pero ¿puedes soportarla el resto de tu
vida? Tal vez estás en paz frente a tu diagnóstico de cáncer,

pero ¿dónde encontrarás la fuerza para lidiar con los ciclos de quimioterapia que parecen interminables?

Si sientes que no tienes la fortaleza para esperar toda la vida, eso es porque Dios no da una provisión de gracia que dura toda la vida. La provee de un día a la vez. Si dudas de que Dios te haya dado la capacidad de resistir en tu prueba toda la vida, puedes estar segura de que no lo ha hecho. Pero sí te ha dado exactamente lo que necesitas para prosperar hoy.

Jesús buscaba a diario fortaleza de Su Padre (Mar. 1:35; Luc. 5:15-16). Esperaba que Dios le proveyera lo que necesitaba día a día (Luc. 11:3). Dios nos promete la misma ayuda oportuna en Cristo:

> Porque no tenemos un sumo sacerdote que no pueda compadecerse de nuestras flaquezas, sino uno que ha sido tentado en todo como nosotros, pero sin pecado. Por tanto, acerquémonos con confianza al trono de la gracia para que recibamos misericordia, y hallemos *gracia para la ayuda oportuna*. (Heb. 4:15-16, énfasis añadido)

Dios ha prometido suplir lo que necesitamos cuando lo necesitemos. No nos equipó para situaciones hipotéticas. Como escribió C. S. Lewis en una carta a Mary Willis Shelburne: «Casi nunca es lo presente y lo real lo que nos resulta intolerable. Recuerda que uno recibe la fortaleza para soportar lo que le sucede, pero no las mil y una cosas diferentes que le podrían suceder».[11]

## No se puede comprar maná al por mayor

Qué lindo es poder abastecerse de comida y productos de papel en una tienda de venta al por mayor, y saber que no tienes que volver allí por meses. Pero Dios no nos permite hacer acopio de Su gracia. Nos la provee de un día a la vez.

Una de mis historias favoritas de la Biblia es la provisión de Dios de pan en el desierto. Los israelitas se quejaban porque no tenían alimento, así que Dios les dio maná del cielo. Unas nutritivas escamas aparecían en el suelo por la mañana. Ellos podían recoger todo lo que quisieran, pero no servía de nada guardarlo. A excepción de la víspera del día de reposo (cuando sí se les permitía recoger la porción del día siguiente), si guardaban maná de un día para el otro, se llenaba de gusanos y apestaba. Estoy segura de que no cometieron ese error más de un par de veces.

Tal vez les haya llevado un tiempo a los hijos de Israel confiar en que el maná estaría ahí a la mañana siguiente. Tenían que adaptarse a irse a dormir con la panza llena pero la alacena vacía. Tal vez pienses que, después de un tiempo, Dios habría empezado a alimentarlos de otra manera, pero Éxodo 16:35 dice: «Y los hijos de Israel comieron el maná cuarenta años, hasta que llegaron a tierra habitada; comieron el maná hasta que llegaron a los límites de la tierra de Canaán».

Verás, una vez que empiezas a caminar en dependencia diaria de Dios, debes *seguir* caminando así. Dios desea tener comunión con nosotros, y una manera en que nos atrae a esa comunión es supliendo nuestras necesidades un día a la vez. No solo nos da lo que necesitamos; quiere darse a sí mismo. Se da a sí mismo a través de Su Palabra. Las pruebas de nuestra vida que nos hacen anhelar el sustento vivificante de la nutrición diaria de la Escritura son como dolores de hambre que nos impulsan a alimentar diariamente nuestros cuerpos para sobrevivir.

En el primer capítulo de este libro, argumenté que Dios no nos está preparando para graduarnos de la escuela de la espera. Deberíamos querer aprender a esperar bien para poder seguir esperando bien porque siempre estaremos esperando algo en esta vida. Los israelitas vivieron a maná durante cuarenta años, y si tu época de espera particular dura cuarenta años, Dios suplirá para tus necesidades diarias.

Si estás pasando por la infertilidad, mi pregunta para ti es: ¿puedes vivir durante las próximas veinticuatro horas sin un hijo? ¿Puedes confiar en que Dios te ayudará a atravesar este día? Si la respuesta es «sí», entonces tienes lo que necesitas para sobrevivir a largo plazo. Tan solo tienes que hacerte esa misma pregunta mañana. Lo mismo sucede con cualquier otro tipo de espera que se describe en este libro.

## Panes y peces para todos

Siglos después de que Dios proveyera maná en el desierto, preparó otra mesa en el desierto para una gran cantidad de personas hambrientas. Una multitud de miles se había reunido a escuchar a Jesús, y no había alimento para todos. No era un centro de conferencias ni un parque de atracciones lleno de puestos de comida. Sus discípulos se dieron cuenta de que tenían un problema. Pero Jesús no vio ningún problema, porque Él estaba ahí. Tomó dos peces y cinco panes de cebada y alimentó a toda la multitud hasta que todos se saciaron.

A veces, cuando miramos las circunstancias, nos damos cuenta de que habrá problemas para suplir nuestras necesidades. Tal vez necesitas compañía como mujer soltera, pero todas tus amigas se están casando o se mudan lejos. Quizás quieres adoptar a un niño, pero vives al día con tus finanzas. Tal vez estás enferma y necesitas que alguien te cuide, pero sientes que ya has agotado a todos tus amigos. Dios no mira tu situación y se retuerce las manos preocupado. Los recursos que tienes a tu disposición no lo limitan.

El primer paso hacia permitir que Dios supla tus necesidades es orar para que lo haga. Por más evidente que esto parezca, es increíble cuán a menudo omitimos este paso. Si no puedo imaginar cómo Dios podría suplir una necesidad, no la llevo delante de Él. Con insensatez, supongo que tengo que resolver *cómo* podría responder a un pedido antes de presentárselo. Pero Dios se deleita cuando le damos rompecabezas imposibles de resolver, y nos dice explícitamente que puede hacer «mucho más abundantemente de lo que pedimos o entendemos» (Ef. 3:20).

Puedes llevarle tus panes y tus peces —o tu falta de panes y peces— y pedirle que alimente a miles. Puedes mirar tu futuro sin tener idea de cómo Dios suplirá tus necesidades a lo largo de la vida y confiar en que lo hará. Pero debes esperar que revele Su provisión día a día.

### Ver a Jesús no es un premio consuelo

Una vez, fui a un retiro durante una época en la que me sentía especialmente triste por mi soltería. El orador habló de la historia de Lucas 2 sobre Ana, la profetisa. En su juventud, Ana había estado casada durante siete años antes de que su esposo muriera dejándola viuda. A los ochenta y cuatro años, pasaba todo su tiempo, día y noche, orando en el templo. No sabemos si tenía hijos, pero cuando la conocemos en Lucas, estaba sola.

El orador nos mostró una imagen. Allí, María estaba con su bebé en brazos junto al profeta Simeón en el fondo. Ana estaba detrás de ellos, observando. Mientras miraba la imagen, sentí que surgía rebelión en mí. Escribí en mi diario: «He recibido la suerte de Ana: esperar sola en el Señor. No quiero ser Ana. Quiero ser María con el niño en brazos».

Aun al confesar mi insatisfacción con la vida, sabía que mi perspectiva era incorrecta. Ana no había recibido un premio consuelo. Había vivido toda su vida esperando y anhelando al Mesías, y Dios le permitió verlo. Esta octogenaria solitaria había vivido para ver su salvación.

Nadie elige el sufrimiento. Pero cuando Dios permite que haya sufrimiento en nuestras vidas, nos da oportunidades de experimentar a Jesús que de otra manera no tendríamos. Si Ana hubiera estado en su casa rodeada de hijos y nietos, no habría estado en el templo aquel día, y no habría conocido a la esperanza de Israel. Aunque tal vez no veas a Jesús en carne y hueso como ella, Dios quiere darte una experiencia más rica y profunda de Él que es más preciosa que aquello que no te ha dado. Dios no malgastará tu espera.

¿Cómo lo sé? La Biblia está llena de promesas de que aquellos que esperan en Dios recibirán su recompensa:

Por tanto, el Señor espera para tener piedad de vosotros,
y por eso se levantará para tener compasión de vosotros.
Porque el Señor es un Dios de justicia;
¡cuán bienaventurados son todos los que en Él esperan!
(Isa. 30:18)

Ciertamente ninguno de los que esperan en ti será avergonzado... (Sal. 25:3a)

Desde la antigüedad no habían escuchado ni dado oídos,
ni el ojo había visto a un Dios fuera de ti
que obrara a favor del que esperaba en Él. (Isa. 64:4)

... los que esperan en el Señor
renovarán sus fuerzas... (Isa. 40:31a)

Estas son apenas algunas entre muchas. Si decidimos esperar no solo a que nuestros problemas desaparezcan, sino esperar en el Señor, podemos anticipar que Dios bendecirá esa espera.

Cuando Vaneetha Rendall recuerda las pruebas de su vida, la lista es vertiginosa: Cuando era pequeña, contrajo polio y pasó por muchas cirugías y hospitalizaciones de todo el año. Sus compañeros de clase la hostigaban y se burlaban de ella. Cuando creció y se casó, sufrió varios abortos espontáneos, seguidos por la muerte de su hijo bebé debido a un error médico. Más adelante, un dolor debilitante y el uso disminuido de sus extremidades la llevaron a un diagnóstico de síndrome pospoliomielítico. Por último, su esposo las dejó a ella y a sus dos hijas. Ella dice: «Perder a mi hijo, mi salud y mi matrimonio casi me llevó a perder la cabeza».

Al reflexionar en una vida llena de dolor, Rendall escribe: «Si dependiera de mí, habría escrito mi historia de otra manera. Cada línea representa algo difícil. Desgarrador. Algo que cambia la vida. Pero ahora, en retrospectiva, no borraría ni una sola línea».[12]

¿Cómo puede Rendall decir esto? Porque, como escribe: «En medio de mi dolor más profundo, en la oscuridad, la presencia de Dios ha sido inconfundible». No considera que la cercanía de Dios sea un premio consuelo.

Ana esperaba en el templo cada día sin saber si viviría para ver al Mesías. Después de ver a Jesús, podría haber afirmado de todo corazón el Salmo 84:10, que dice: «mejor es un día en tus atrios que mil fuera de ellos». Tal vez no puedes decir lo mismo de corazón en este momento. Pero del otro lado de nuestra espera, no me cabe duda de que conocer a Dios nos resultará algo más valioso que cualquiera de Sus bendiciones que tuvimos que esperar.

## Clamemos a Dios

En medio de tu espera, tal vez llegues a un lugar donde no te queden palabras para orar. Quizás sientas tanto dolor que te parezca que no puedes expresarlo con palabras.

Quiero que sepas que no hace falta que la oración se exprese en palabras para que Dios nos entienda. Si lo único que puedes hacer es clamar a Dios, Él es digno de confianza para recibirlo. Él sabe cómo escuchar nuestro clamor. En el Salmo 34:15, David escribe: «Los ojos del Señor están sobre los justos, y sus oídos atentos a su clamor». Y sigue diciendo: «Claman los justos, y el Señor los oye, y los libra de todas sus angustias» (v. 17). Estos versículos no dicen que Dios solo escucha las oraciones que suenan a teología o que duran al menos veinte minutos o que siguen un patrón bíblico. Dios escucha incluso un llanto.

Piensa en el llanto como forma de comunicación. Durante la vida de un bebé, la primera forma de expresión es el llanto. Aunque los bebés en el vientre les recuerdan a sus madres su presencia mediante patadas y volteretas, el llanto es la primera comunicación del niño al mundo. Expresa un mensaje bien simple: algo anda mal.

El bebé representa la parte fácil del intercambio; tan solo hace sonar la alarma. Sus padres tienen la responsabilidad de determinar la fuente de su malestar y buscar un remedio. No creo que el bebé siquiera entienda la necesidad detrás del llanto; de lo contrario, ¿por qué un bebé que está pasado de cansancio no se iría a dormir en vez de llorar? No, el bebé solo percibe que el llanto es la manera adecuada de expresar su necesidad desconcertante a alguien que puede hacer algo al respecto. En este sentido, el llanto es la expresión del que no sabe expresarse.

Un llanto no expresa un objetivo final. Apenas expresa una necesidad. A veces, las mujeres tienen mala reputación por llorar sin razón. Pero llorar es particularmente apropiado cuando no puedes expresar con palabras tus necesidades y frustraciones. El llanto expresa que necesitamos ayuda, aunque no estemos demasiado seguras de qué clase de ayuda necesitamos.

Dios no espera que expresemos nuestra necesidad con elocuencia antes de acercarse a ayudarnos. No nos salva según nuestra conciencia propia o nuestro discernimiento; Él levanta a los abatidos de espíritu (Sal. 34:18). Cuando lo máximo que podemos hacer es llorar, eso es suficiente. Nos pone en la posición receptora de un niño pequeño, lo cual es una de las marcas de aquellos que entrarán en el reino de Dios (Mar. 10:15).

Podemos seguir el ejemplo del salmista al dirigir nuestro clamor a Dios. Incluso podemos adoptar las palabras del salmista y otras partes de la Escritura como nuestras oraciones. Aunque quizás no sepamos lo que necesitamos o cómo podemos alcanzarlo, al igual que un bebé, sabemos quién puede suplir esa necesidad. Romanos 8:26 nos asegura: «Y de la misma manera, también el Espíritu nos ayuda en nuestra debilidad; porque no sabemos orar como debiéramos, pero el Espíritu mismo intercede por nosotros con gemidos indecibles».

## Amemos a nuestro prójimo

Mientras esperamos, ¿qué deberíamos hacer? Podemos buscar dirección en el resumen de Jesús de todos los mandamientos de Dios. «AMARÁS AL SEÑOR TU DIOS CON TODO TU CORAZÓN, Y CON TODA TU ALMA, Y CON TODA TU MENTE. Este es el grande y el primer mandamiento. Y el segundo es semejante a este: AMARÁS A TU PRÓJIMO COMO A TI MISMO. De estos dos mandamientos dependen toda la ley y los profetas» (Mat. 22:37b-40).

Cuando la espera es intensa, nuestros ojos están concentrados en el futuro. Anhelamos el hogar que todavía no tenemos o el hijo que llene nuestros brazos o que la fortaleza regrese a nuestro cuerpo. Esta mirada al futuro puede evitar que veamos a las personas que tenemos a nuestro alrededor. Pero el mandamiento de Dios de amar a nuestro prójimo no espera a que tengamos al prójimo que queremos. Debemos obedecer amando a los que ya están en nuestras vidas.

Tal vez estás tan enferma que estás hospitalizada. En el hospital, te cruzas con gente todo el día, aun si no puedes levantarte de la cama. Son tus prójimos, y deberías buscar maneras de amarlos. Quizás eres soltera. Invitar a otros a tu casa a comer o cuidar los hijos de otra mujer te permitirá practicar la hospitalidad, el cuidado y la protección. Esos dones no tienen por qué permanecer inactivos solo porque no estás casada. O tal vez sientes que necesitas esperar una «casa de verdad» antes de poder organizar un estudio bíblico o un grupo comunitario. Las personas en tu vida necesitan de tu hospitalidad ahora. El reino no puede esperar a que compres la casa de tus sueños.

Por último, si eres creyente, Dios te ha encomendado un mensaje que los perdidos necesitan escuchar con urgencia. No hay manera más significativa de amar a tu prójimo que presentándole a Aquel que murió por él.

## Recordemos la bondad de Dios

En un tiempo de profunda oscuridad, pasé muchas mañanas meditando en el Salmo 77. En este salmo, el escritor se siente abandonado. No puede dormir en toda la noche, y pensar en Dios le produce dolor más que consuelo, porque parece que Dios se ha olvidado de él.

Entonces, empieza a hablar consigo mismo. Recuerda una vez cuando se sintió cerca de Dios y podía ver evidencia de Su favor. Se hace una serie de preguntas:

¿Ha cesado para siempre su misericordia?
¿Ha terminado para siempre su promesa?
¿Ha olvidado Dios tener piedad,
o ha retirado con su ira su compasión? (Sal. 77:8-9)

Aunque estés en un lugar donde quizás te sientas olvidada por Dios, pregúntate: ¿realmente eres la primera persona de la que se ha olvidado? ¿Acaso Su bondad eterna que ha permanecido por generaciones se acabó en tu caso? Hacerme estas preguntas me hace sentir ridícula. Por supuesto que Dios no se ha olvidado de mí, no importa cuán lejano parezca. Cuando creo que he llegado a un callejón sin salida, puedo confiar en el Dios que separó el Mar Rojo para abrir un camino para Su pueblo.

Aun si no te consideras una persona demasiado teológica, es importante que te hagas preguntas teológicas cuando la espera te deje con dudas. ¿Crees que Dios es todopoderoso? ¿Crees que Dios es amoroso? ¿Crees que Dios es bueno? Si es así, tiene un propósito para tu espera, aun si no puedes verlo. El pastor y médico D. Martyn Lloyd-Jones argumentó que la mejor manera de luchar contra la depresión espiritual es hablar contigo mismo en lugar de escucharte a ti mismo.[13] Al igual que el salmista, debemos dejar de escuchar nuestros miedos y empezar a predicarnos sobre la bondad de Dios, incluso cuando no podamos verla claramente.

Es sumamente molesto ser un pasajero en un avión al que se le ha ordenado mantener la posición, y debe hacer círculos sobre un destino en lugar de aterrizar. Parece que el cielo te tuviera de rehén. Lo más frustrante es que ninguno de los pasajeros sabe cuánto tiempo estarán ahí dando vueltas, y si eso significará que van a perder sus vuelos de conexión.

Por más incómodo que sea estar en un patrón de espera, solo un piloto deplorable dejaría de dar vueltas tan solo para satisfacer a sus pasajeros. Los controladores de tránsito aéreo les ordenan a los aviones que sostengan patrones de espera por una buena razón. Tal vez hay una tormenta en curso, o quizás demasiados aviones que quieren aterrizar al mismo tiempo. Imagina si el piloto anunciara por el altoparlante: «Damas y caballeros, he oído su frustración. Voy a aterrizar en los próximos quince minutos, me autoricen o no». Aunque los pasajeros podrían festejar, sus vidas estarían en grave peligro.

Por más que parezca que tu espera no tiene rumbo, si eres una hija de Dios, Él tiene un propósito para tu patrón de espera, y como es bueno y amoroso, te mantendrá allí hasta que haya cumplido Su propósito.

## Historias que atrapan

No hay nada que distraiga mi mente de mis propias luchas tan bien como una buena historia. No me refiero a una comedia romántica o un éxito de ventas apasionante. Me refiero a las historias de otros cristianos que han caminado por fe a través de días difíciles y una oposición demandante.

Leer biografías cristianas sustenta mi fe y pone la vida en perspectiva. Me doy cuenta de que los desafíos que estoy enfrentando palidecen en comparación con algunas de las luchas que otros han sufrido. Sin embargo, la fuente de su fortaleza será la fuente de la mía, y Dios no está menos dispuesto a escuchar mis oraciones de lo que estuvo a escuchar las oraciones de la nube de testigos que partieron antes que yo. Él proveerá para todas mis necesidades, así como proveyó para las de George Müller. Me reconfortará en la soledad, tal como reconfortó a Amy Carmichael. Puede redimir mi sufrimiento, de la misma manera que lo hizo con Olaudah Equiano, una antigua esclava que se transformó en emancipadora británica. Las biografías de cristianos me llevan a anhelar menos las bendiciones de Dios y a buscar más Su gloria.

También puedes dejarte atrapar por historias al escuchar sencillamente a otros cristianos. No eres la única que está viviendo una parábola. Pregúntales a amigos y conocidos qué están esperando. Pregúntales a líderes de la iglesia por qué etapas de espera han pasado. Descubre qué los sustentó. La escuela de la espera no tiene por qué ser un tutorial personalizado entre tú y Dios solamente. Dios ha puesto a otros creyentes en tu vida para animarte y para que los animes, pero eso solo sucederá si puedes dejar de pensar en tu historia el tiempo suficiente como para escuchar la de otra persona.

## Apoyarse con fuerza

Podemos permitir que nuestra espera nos aleje de Dios o nos acerque a Él. Nuestras cargas existen para hacer que nos apoyemos con todo nuestro peso en el Señor. Un poema de Octavius Winslow expresa esta verdad con gran belleza:

> Hija amada, apóyate con fuerza,
> Permíteme sentir la presión de tu inquietud;
> Conozco tu carga, hija, yo la formé;
> Posada en mi propia mano, su peso no tenía proporción
> respecto a tu fuerza sin ayuda;
> Porque aun cuando la coloqué sobre ti, dije:
> «Estaré cerca, y cuando ella se apoye sobre mí,
> esta carga será mía, y no de ella;
> Así mantendré a mi hija en el abrazo de mi propio amor».
> Aquí, suéltala sin temor
> Puedes dejarla sobre los hombros que sostienen
> el gobierno de los mundos. Acércate más;
> Todavía no estás lo suficientemente cerca; yo abrazaría tu
>     preocupación
> para sentir cómo mi hija reposa sobre mi pecho.
> ¿Me amas? Lo sabía. Entonces, no dudes,
> sino que, mientras me amas, apóyate con fuerza.[14]

No hace falta que seas fuerte o ingeniosa para esperar bien mientras esperas en el Señor. Sencillamente, tienes que estar dispuesta a depender de Él. A Él le encanta que Sus hijos se apoyen en Él.

# 8

# Cuando la espera termina

Oh santos, ya valor mostrad; las nubes no temáis.
Llenas están de gran bondad y bendiciones dan.

William Cowper, *«Con maravillas obra Dios»*

Esperé junto a una de mis amigas más cercanas y compañera de oración durante una larga temporada de infertilidad. Lloré con ella cuando un embarazo terminó en aborto espontáneo. Un par de meses después de que ella perdió el bebé, estábamos orando por teléfono, y volví a orar por un bebé para ella y su esposo. Cuando terminé de orar, ella susurró: «No se supone que lo cuente todavía, pero... estoy embarazada».

Fue tan dulce regocijarnos juntas por esta nueva vida en su vientre, pero apenas un día más tarde, recibí un llamado telefónico angustiado. «Estoy sangrando», me dijo. Todavía no había ido al médico, pero todas las señales indicaban que había perdido el bebé. Al día siguiente, durante su visita al doctor, oré para que el Señor la consolara en su dolor. Imagina mi sorpresa cuando recibí el mensaje de texto que decía: «Los DOS bebés están BIEN». No solo estaba embarazada, ¡sino que tenía mellizos! Los frutos de sus oraciones y espera ahora corren por todas partes en la forma de dos mellicitos que la deleitan y la agotan.

Justo en el momento en el que parecía que la espera no terminaría jamás, Dios respondió a las oraciones de mi amiga de manera más abundante de lo que esperábamos. Cuando eso sucede, la larga espera se embellece. En retrospectiva, podemos escuchar la hermosura de la canción, aunque se haya tocado en una nota menor.

## Mi historia cuenta la historia de Dios

Empecé a escribir este libro después de luchar intensamente con un deseo insatisfecho de casarme. Sabía que Dios es bueno. Sabía que me daría un esposo si eso era lo mejor que tenía para mí. Lo que me costaba entender era por qué permitiría que me perdiera el misterio de representar a Cristo y a la iglesia.

Cuando entendí que no casarme no significaba que tuviera que perderme de contar la historia de Dios, mi soltería se impregnó de propósito. Mi soledad no estaba vacía; tenía un objetivo. Me fue dado por Dios para ser una pequeña imagen del anhelo que la iglesia debería sentir mientras anhelamos a nuestro Novio. Reconocer esto no significó que tuviera que ver la soltería o la soledad como cosas buenas en sí mismas, pero podía ver cómo Dios tal vez tenía un propósito teológico para ellas incluso mientras yo anhelaba casarme.

Aunque me resultaba incómodamente vulnerable hablar de mis deseos insatisfechos, decidí que, si quería que mi historia contara la historia de Dios, tendría que compartirla. Lo hice al escribir un artículo para Coalición por el Evangelio. Se llamaba *«Should I Be Content with My Singleness?»* [¿Debería contentarme con mi soltería?]. Dije:

> Si Dios alguna vez me da un esposo, viviré esta imagen de regocijo en el esposo tan anhelado. Tendremos una fiesta de bodas, que vislumbrará el banquete de bodas del Cordero (Apoc. 19:7-8). El propósito de mi etapa de soltería será evidente para todos los que compartan mi gozo; fue para que la consumación fuera tanto más dulce.[15]

Cuando escribí estas palabras, aunque sabía que podía suceder, no creía que realmente fuera a pasar. Me alegra haber estado equivocada.

El 23 de mayo de 2014, el día después de que publicaron mi artículo, recibí un correo electrónico de un pastor en Manhattan. No coqueteó conmigo; tan solo me dio gracias por el artículo. Una rápida búsqueda en Google reveló que era soltero, originario de Londres, un judío cristiano y, dicho sea de paso, muy bien parecido. Me sentí intrigada. Le respondí y empezamos a escribirnos. Después de una semana de enviarnos correos electrónicos, él sugirió que habláramos por Skype. Aquella primera vez, hablamos durante un par de horas, y al final de nuestra conversación, preguntó en su agradable acento inglés si podía venir a Alabama a tener una cita conmigo.

El día de Acción de Gracias, Bernard Nicholas Howard me pidió casamiento. Estábamos en un porche cercado en la granja de mis bisabuelos. De alguna manera, este pastor alto, británico y apuesto se había abierto paso hasta Alabama y había terminado mi espera de un novio. El 23 de mayo, exactamente un año después de que me escribió, caminé hacia el altar para encontrarme con él. Sin ninguna duda, prometí amarlo y valorarlo hasta que la muerte nos separe. La espera —para él, treinta y nueve años; para mí, treinta y cuatro— hizo que nuestro encuentro fuera tanto más dulce. Nuestros amigos y familiares festejaron con nosotros con un gozo puro y sin reservas.

Las lecciones que aprendí como mujer soltera y las promesas a las que me aferré no cambiaron. El matrimonio no era el objetivo de mi artículo, y mi soltería no era un problema para resolver. La soltería fue la voluntad de Dios para una época de mi vida, y ahora, Su voluntad para mí es el matrimonio. El objetivo de mi vida es el mismo: glorificar a Dios y disfrutar de Él para siempre. No obstante, la parábola ha cambiado. Ahora, estoy viviendo la imagen terrenal de la realidad celestial de la unidad entre la iglesia y Cristo.

Sentí como si mi situación hubiera cambiado en un abrir y cerrar de ojos. Una mañana, desperté sin esperanzas matrimoniales, y me fui acostar pensando en un apuesto predicador británico. Mi vida nunca sería igual.

## Tu espera terminará

Tu vida podría cambiar en un abrir y cerrar de ojos. No me refiero a conocer al amor de tu vida; me refiero a conocer a Aquel que te amó y se entregó por ti, que partió y prometió regresar. Jesucristo podría volver en cualquier momento. Nadie conoce el día ni la hora, así que debemos estar alertas y orar. Cuando la espera se vuelve larga, tal vez empiezas a pensar que no vendrá. Pero un día, aparecerá.

Cuando una mujer entra a su noveno mes de embarazo, todos saben que su bebé nacerá pronto. A pesar de esto, he visto cómo amiga tras amiga pasa su fecha probable de parto y anuncia: «Estoy empezando a preguntarme si este bebé llegará alguna vez». Es irónico que, justo cuando más pesada se encuentra con el niño, ¡una madre puede empezar a perder la esperanza de que su bebé vaya a nacer!

Lo mismo puede ser cierto con nosotras mientras esperamos la llegada del reino. Cuando los días se vuelven oscuros, desconfiamos de que alguna vez amanezca. Pero las promesas de Dios son seguras, y la demora no es lo mismo que la negación.

Muchas de las que están leyendo este libro verán un final terrenal a su época actual. Si eso sucede, permite que sea un recordatorio y un anticipo del final a toda tu espera. Si Dios te da un bebé o una casa, si te sana o permite que tu pródigo se arrepienta, no permitas que eso te haga sentir más a gusto en este mundo, sino menos. Permite que aumente tu hambre por aquel día en el que todos tus deseos serán satisfechos.

## Que no te tome por sorpresa

El texto de nuestro sermón de bodas fue la parábola de las diez vírgenes de Mateo 25. El predicador, Simon Tomkins, lo presentó con gran habilidad y de manera relevante a la congregación.

Nos hizo imaginar que diez damas de compañía son enviadas en dos autos a encontrarse con el novio en el aeropuerto, pero el vuelo del novio está retrasado. Ninguno de los dos autos tiene el tanque de gasolina lleno. La demora les da suficiente tiempo como para llenar el tanque de los autos antes de que llegue el novio, y cinco de las damas de compañía que están en uno de los autos usan ese tiempo de espera para hacer justamente eso. Las otras muchachas no ven ninguna necesidad de apurarse, porque tienen una larga espera por delante.

Tal vez el piloto del avión donde iba el novio recuperó algo del tiempo perdido porque, de repente, el vuelo llega. El novio aparece delante de ellas, y la espera se termina. Es una excelente noticia para las damas de compañía con el tanque lleno, y llevan al novio directamente a la boda. Las otras cinco damas de compañía todavía tienen que llenar el tanque de su auto. Les lleva tanto tiempo encontrar una estación, que se quedan sin gasolina. Para su gran angustia, se pierden la boda por completo. El reverendo Tomkins concluye: «El versículo 13 remata la historia, diciendo: "Velad, pues, porque no sabéis ni el día ni la hora". Jesús está diciendo que es insensato no prepararse para algo que sabemos que sucederá, tan solo porque no sabemos cuándo pasará».

Es posible esperar algo sin estar listo para ello. Tal vez estés esperando a Jesús, pero ¿estás lista para Su regreso?

Necesitamos poner en orden nuestra vida terrenal de tal manera que la segunda venida de Cristo llene y complete todo aquello por lo que nos estamos esforzando, en lugar de interrumpirlo.

## Anticipos del reino

Cada vez que una mujer que solía ser estéril sostiene en sus brazos a su hijo, anticipa el gozo que nos espera en el reino de Dios. Cuando una madre abre la puerta para ver a su hijo que estaba distanciado hace mucho tiempo y lo sostiene en su abrazo seguro, puede probar la reconciliación que llegará cuando Dios reúna a Sus hijos. Cuando una madre soltera que ha vivido en refugio tras refugio se muda a su propia casa y cuelga una hamaca para su hijo de un árbol en su propio patio, prueba la paz que será suya en su hogar celestial. Cuando los estudios salen bien y el médico le dice a la paciente que está libre de cáncer, cuando una vez más puede participar de los placeres de la vida que la quimioterapia le impedía disfrutar porque la dejaba demasiado débil, ella prueba la salud que será suya cuando reciba un cuerpo resucitado. Y cuando una recién casada yace en los brazos de su esposo después de años de dormir sola, prueba el amor de pacto que será nuestro en Cristo por toda la eternidad.

Tanto la espera como el final de la espera cuentan la historia de Dios. Si esperas en Dios a pesar de que tu sueño no se haya cumplido, caminas por fe y no por vista. Si alabas a Dios cuando tu sueño se vuelve realidad y miras más allá de ese sueño a un cumplimiento aún mejor, demuestras que eres ciudadana del cielo.

Aquí hay tensión, y puede ser muy tentador resolverla de manera no bíblica. Está mal transformar tus sueños en un ídolo y rehusarte a estar contenta a menos que se cumplan. Pero también está mal dejar de orar por el cumplimiento de tus deseos, siempre y cuando honren a Dios. A veces, es más fácil no tener deseos, y así no correr el riesgo de desilusionarte, pero Dios nos llama a salir de nuestra seguridad y nos insta a confiarle nuestro corazón a Su cuidado.

El teólogo D. A. Carson dice que debemos acostumbrarnos a vivir en tensión, porque esta no se resolverá por completo hasta el último día:

Aguardamos el regreso de Jesucristo, la llegada del cielo nuevo y la tierra nueva, el amanecer de la resurrección, la gloria de la perfección, la belleza de la santidad. Hasta aquel día, somos personas que viven en tensión. Por un lado, pertenecemos a la cultura más amplia en la cual nos encontramos; por el otro, pertenecemos a la cultura del reino consumado de Dios, que ha despertado entre nosotros. Nuestra verdadera ciudad es la Nueva Jerusalén, aun mientras todavía pertenezcamos a París, Budapest o Nueva York. Y mientras esperamos la consumación, confesamos con gratitud y gozo que el Dios de todo es nuestro Dios, y que hemos sido llamados a darle gloria, reconocer Su reinado y dar testimonio de Su salvación.[16]

La tensión que sientes mientras intentas esperar en el cielo y a la vez vives con entusiasmo en esta vida no necesariamente es un indicador de un descontento pecaminoso. Tal vez sencillamente sea evidencia de que eres una ciudadana del cielo que vive en la tierra.

En medio de la espera, puede ser muy difícil ver el propósito de todo. A veces, podemos ver el propósito una vez que salimos al otro lado de nuestra espera. Puede parecer que tu larga espera por un hijo tenía un propósito cuando sostienes en brazos al hijo que Dios te designó, un hijo que ni siquiera había nacido cuando empezaste el largo proceso de adopción. Mientras esperabas una casa, Dios tal vez te haya llevado a mudarte de ciudad en ciudad, porque tenía a personas en esos lugares que cambiarían tu vida.

No sé por qué Dios esperó hasta que tuve treinta y cuatro años para traerme un esposo. Podría haberlo hecho mucho antes. Cuando tenía veinte años, pasé un semestre en Oxford, Inglaterra. Mi futuro esposo estaba viviendo y trabajando en esa misma ciudad; es más, los dos éramos activos en la misma iglesia evangélica. Semana tras semana, iba a la iglesia los domingos por la mañana y por la noche, con la esperanza de que alguno de los británicos piadosos se fijara en mí. Mi novio estaba allí, pero no lo conocí.

Al mirar atrás, tanto Bernard como yo creemos que si nos hubiéramos conocido cuando yo tenía veinte años, probablemente no nos habríamos casado. A los dos nos faltaba mucho por madurar para poder formar una buena pareja. Por favor, no me malinterpreten: No creo que Dios espere que tengamos cierto nivel de madurez espiritual antes de traernos a un cónyuge; esa es una mentira que a veces los cristianos propagan. En cambio, creo que Dios siempre supo que Bernard era el hombre que tenía preparado para mí, pero esperó a traerlo a mi vida en un momento donde yo estaba preparada para reconocerlo.

Si vislumbras un propósito al otro lado de tu espera, puedes saborear de antemano la comprensión que tendremos cuando toda nuestra espera haya terminado. Romanos 8:28 es una de las promesas más preciosas en la Palabra de Dios; no permitas que, por ser tan conocida, eso te insensibilice a la audacia de lo que proclama:

> Y sabemos que para los que aman a Dios, todas las cosas cooperan para bien, esto es, para los que son llamados conforme a su propósito.

Dios tiene un propósito, es bueno para ti, y lo está llevando a cabo a través de tu espera. En el momento, la espera puede ser buena para ti así como una medicina es buena para un niño. El niño tal vez la trague solamente porque su padre no le deja opción. Pero un día, verás plenamente y afirmarás la bondad del propósito sin ninguna duda: «Porque ahora vemos por un espejo, veladamente, pero entonces veremos cara a cara; ahora conozco en parte, pero entonces conoceré plenamente, como he sido conocido» (1 Cor. 13:12). Si tu espera terrenal termina y puedes vislumbrar los caminos de Dios, eso es apenas un reflejo tenue de los propósitos gloriosos que un día serán revelados.

## Cómo esperar bien cuando se termina la espera

Cuando tu espera termina, la espera no ha terminado. Hasta que estemos seguras en casa en la presencia de Cristo, vivimos en un mundo caído de tiendas terrenales. Si por fin tienes aquello que tanto esperaste, no confundas la alegría que te produce con un gozo supremo. Tenemos un enemigo, y a él le agrada tomar las bendiciones que Dios nos dio y transformarlas en ídolos.

El pueblo de Israel esperó durante generaciones que Dios los librara de la esclavitud en Egipto. Un día, esa espera terminó cuando Dios levantó a Moisés, y el faraón por fin dejó ir al pueblo. Sus ricos vecinos egipcios los despacharon cargados de plata y oro. Un día, habían sido esclavos, y al siguiente, eran libres y ricos.

Tendrían que haber usado el oro de Egipto para edificarle un templo a Dios en la tierra prometida. En cambio, lo usaron para hacer un ídolo, un becerro de oro (Ex. 32).

Tomaron las bendiciones de Dios, y en vez de ofrecérselas otra vez a Él, las adoraron. No permitas que Satanás transforme las bendiciones de Dios en ídolos. No adores las cosas creadas en lugar de adorar al Creador. Entrégale cada bendición terrenal a Dios con manos abiertas. Si deseas mantener tu corazón a salvo de los ídolos, Dios te ayudará a evitar las trampas y las tentaciones del maligno, «porque los ojos del Señor recorren toda la tierra para fortalecer a aquellos cuyo corazón es completamente suyo» (2 Crón. 16:9a).

Conclusión

# ¿Qué estamos esperando?

A orillas del Jordán, ansioso miro allá,
A la hermosa Canaán, donde mi felicidad está.
Voy camino a la tierra prometida,
voy camino a la tierra prometida;
Ah, ¿quién vendrá conmigo?
Voy camino a la tierra prometida.

Samuel Stennett, «*On Jordan's Stormy
Banks I Stand*» [A orillas del Jordán]

Mi esposo es judío. En nuestra boda, tuvimos dos tradiciones judías. Primero, dijimos nuestros votos matrimoniales bajo una jupá. La jupá es una tienda pequeña, y simboliza el comienzo de una nueva familia. También nos recuerda que Abraham y Sara, el padre y la madre del pueblo de Israel, vivieron en tiendas. Fueron residentes temporales hasta el día en que murieron, mientras «[esperaban] la ciudad que tiene cimientos, cuyo arquitecto y constructor es Dios» (Heb. 11:10).

La segunda tradición judía en nuestra boda fue la ruptura de la copa. Cuando se pronuncia el matrimonio, el novio pisa una copa de vino (envuelta en tela), la cual produce un sonido decisivo y satisfactorio al hacerse trizas. Esta curiosa costumbre simboliza la destrucción del templo de Jerusalén en 70 d.C. Le recuerda a la congregación que incluso en los momentos más felices de la vida, el gozo está atemperado con dolor, porque el templo de Dios fue destruido. No todo está bien con el mundo.

Así que en los momentos más felices de los recién casados judíos, recuerdan que todavía no están en casa. El nuevo hogar que están formando juntos será una morada temporal. Deben poner la mirada en una futura restauración prometida. Como nuevos creyentes del pacto, sabemos que la restauración plena llegará solo cuando Jesucristo regrese y traiga con Él la Nueva Jerusalén.

El momento en el que me convertí en esposa, el vidrio roto me recordó que el «felices para siempre» no empezará hasta que seamos recibidos en aquella ciudad santa. Mi soltería terminó con mi matrimonio, pero soy una mujer pecadora casada con un hombre pecador en un mundo caído. Hay más dolor y espera por delante. Pero, más allá de eso, tenemos esta hermosa esperanza que reclamará nuestro Novio celestial, el cual vendrá a restaurar todas las cosas: «Él enjugará toda lágrima de sus ojos, y ya no habrá muerte, ni habrá más duelo, ni clamor, ni dolor, porque las primeras cosas han pasado» (Apoc. 21:4). Aun si tu temporada de espera termina, tu vida de espera seguirá, si estás esperando ese hogar eterno.

## Esperar las cosas del mundo

¿Qué estamos esperando? Más allá de las bendiciones que esperamos, ¿qué propósito tiene nuestra espera? He argumentado que tu historia puede contar la historia de Dios, mientras pones tu esperanza en las bendiciones eternas en lugar de una satisfacción temporal. Si esperas con un corazón firme en las promesas de Dios, lo glorificarás en gran manera.

Si estás dispuesta a dejar que tu historia cuente la historia de Dios, los no cristianos lo notarán. El mundo no entiende la espera. Le dice a la soltera que no debería esperar a casarse para hallar satisfacción sexual. Le dice a la mujer estéril que tan solo no ha encontrado el doctor adecuado aún. Le dice a la mujer que espera una casa que si tan solo pudiera conseguir un mejor trabajo y comprar la casa de sus sueños, su nostalgia de hogar se evaporaría. Le dice a la mujer que espera sanidad que tiene que aprovechar al máximo el tiempo que le queda porque es lo único que hay. Le dice a la mujer que espera a un hijo pródigo que seguramente no leyó los libros de crianza adecuados, y a la mujer que espera a un esposo pródigo que se casó con la persona equivocada.

Cuando rechazamos estos mensajes mundanos y decidimos vivir con fe, nos destacamos. Quizás incluso parezcamos un poco raras. Las personas que se niegan a vivir para sí mismas y entregan su vida por otros *son* raras. Son culturalmente anormales, porque el reino de los cielos opera con una serie de normas diferentes. Si esperas algo que este mundo no ofrece, la gente querrá saber la razón, y la Biblia nos manda que estemos preparadas para darla (1 Ped. 3:15).

El mundo entiende que podamos confiar en Dios cuando todo va bien en nuestra vida. Lo que no entiende es por qué seguimos aferrándonos a Él cuando nos quita todo. Cuando Dios permitió que la vida de Job se cayera a pedazos, la respuesta de Job fue: «Aunque Él me mate, en Él esperaré» (Job 13:15a). La esperanza de Job no era infundada. Cuando tus vecinos quieren saber cómo sigues adelante en medio de un tratamiento del cáncer, cuéntales sobre el cuerpo nuevo que te fue prometido al final de la historia de Dios. Si quieren saber cómo puedes mantener la cabeza en alto después de que tu esposo te abandonara, háblales de tu Dios fiel que busca a los pródigos como tú y yo. Permite que tu historia cuente la historia de Dios.

Mientras escribía este libro, a una buena amiga le diagnosticaron lo que probaría ser una enfermedad fatal. Soportó días de un sufrimiento físico terrible. Los que la amábamos anhelábamos que se terminara su miseria. Pero lo pensaba dos veces cuando deseaba su alivio porque mi amiga no era creyente. Si no se arrepentía de sus pecados y confiaba en Cristo para su salvación, la muerte no traería un fin para su sufrimiento.

Cada día en que Cristo se demora es un día para que aquellos que siguen vivos se arrepientan. Cuando parece cruel que Dios nos haga esperar tantos años el regreso de Cristo, debemos recordar las palabras de Pedro: «El Señor no se tarda en cumplir su promesa, según algunos entienden la tardanza, sino que es paciente para con vosotros, no queriendo que nadie perezca, sino que todos vengan al arrepentimiento» (2 Ped. 3:9).

Para aquellos de nosotros que somos creyentes, todo lo que esperamos se cumplirá por fin en la vida venidera.

Lo opuesto es cierto para el no creyente. El alma perdida que sufre dolor, soledad y relaciones rotas experimenta un pequeño anticipo de la miseria que le aguarda en la eternidad. Mientras esperas a tu Novio que vendrá, permite que el sufrimiento de esta vida te impulse a hacer todo lo que puedas por salvar a otros del sufrimiento eterno.

### Esperar por el bien de la iglesia

Los amigos esperan juntos. Cuando tu ser querido tiene que atravesar una cirugía que amenaza su vida, tus amigos estarán en la sala de espera sosteniendo tu mano. Si tu hermana da a luz, quieres estar cerca. Esperar en la sala de espera de un hospital durante un nacimiento o una operación no tiene ningún beneficio, pero en momentos de espera intensa, queremos estar cerca de las personas que amamos.

Cuando esperamos en comunidad, nos ayudamos unos a otros a mantener las promesas de Dios a la vista. Así como necesitas a tu amigo en la sala de espera del hospital sosteniendo tu mano, también necesitamos estar en las vidas de los demás para recordarnos unos a otros hacia dónde nos dirigimos. El escritor de Hebreos nos insta: «y consideremos cómo estimularnos unos a otros al amor y a las buenas obras, no dejando de congregarnos, como algunos tienen por costumbre, sino exhortándonos unos a otros, y mucho más al ver que el día se acerca» (Heb. 10:24-25).

Estamos esperando aquel día. El día se acerca. Los miembros del cuerpo de Cristo deben ayudarse unos a otros a recordar lo pasajero que será este tiempo. En retrospectiva, cuando termine nuestra espera, no parecerá que duró demasiado. Se parece un poco a cómo pasa el tiempo para los padres. La crianza ha sido llamada con mucho ingenio «el instante más largo». Las mujeres mayores les dicen a las madres de hijos pequeños: «Cuando quieras acordar, van a haber crecido», aunque a veces las horas (en especial las que van desde la hora de la siesta hasta la cena) parece que nunca pasan. Pero un día, esas horas se habrán acabado y los días habrán pasado como un abrir y cerrar de ojos. Tus hijos habrán crecido. Las otras madres que te dijeron: «Con el tiempo, dormirán toda la noche» y «No van a mojar la cama para siempre» habrán tenido razón.

Tal vez tu espera parezca larga ahora. Pero un día, verás que fue «el instante más largo». Así como las madres jóvenes necesitan que las más grandes las ayuden a perseverar, también necesitamos ayudarnos unos a otros a confiar en Dios cuando dice que nuestra espera no durará para siempre. Necesitamos alentarnos diciendo: «No siempre te dolerá así».

El apóstol no tenía problema en decirles a otros creyentes que lo imitaran (Fil. 3:17; 2 Tes. 3:7). Si estás esperando bien, tu perseverancia te dará la credibilidad de instar a otros a caminar por fe en su espera. Aunque «Sé cómo te sientes» puede no sonar sincero cuando viene de la persona incorrecta, esas palabras en la boca de alguien que ha soportado una larga temporada de espera son increíblemente poderosas.

Si estás pasando por tu propia época de espera, ya sabes lo fuerte que puede ser la tentación para una mujer soltera cuando un no creyente la busca para tener una relación romántica. Puedes imaginar el jalón hacia la amargura que siente una mujer con un vientre estéril. Ya conoces el agotamiento de la mujer que nunca ha tenido su casa, las dudas de la mujer que tal vez nunca recupere su salud, y la distracción consumidora de alguien que ama a un pródigo. Aun si no estás esperando estas mismas cosas, en algún sentido puedes decir: «Se cómo te sientes». Cuando te encuentres pronunciando esas palabras, permite que sean un pequeño recordatorio de que tu espera no ha sido en vano.

## Abraza al Dador

Aunque este libro está finalizando, mi espera no lo está. Es cierto, ya no estoy esperando novio, pero rara vez una época de espera termina sin que otra comience. No sé si Dios nos dará hijos, pero estoy orando para que así sea. Si lo hace, nuestro pequeño departamento parecerá aún más pequeño. Estaremos esperando un hogar en una ciudad donde incluso los departamentos de una habitación se alquilan por muchísimo dinero. Mi esposo y yo nos mudamos lejos de nuestras familias con el sueño de plantar una iglesia aquí, pero tenemos que esperar para ver si Dios cumple ese sueño. Hasta que Cristo regrese, siempre estaré esperando algo.

Todavía me cuesta anhelar a Dios más que a Sus regalos. Pero doy gracias porque él sigue reteniendo algunos de Sus regalos para satisfacerme con Su presencia. La presencia de Dios en la oscuridad de nuestras pruebas es un pequeño anticipo de la presencia de Dios que conoceremos en la luz eterna de Su gloria. En la ausencia de los dones divinos es donde descubro que el Dador mismo es el regalo más grande de todos.

En el primer capítulo dije que Dios no estaba buscando que aprendiéramos nuestra lección para que pudiéramos dejar atrás la espera, y es verdad. Pero un día, nos gradua-remos de la escuela de la espera. No nos habremos graduado por nuestros propios méritos. Pero si Jesús es tu esperanza, todos tus sueños se cumplirán aquel día. No habrá ninguna duda en tu mente sobre lo que estabas esperando. Estabas esperando a Jesús.

# Reconocimientos

A cada una de las mujeres que me permitieron contar su historia en este libro, gracias. Sus historias me han ayudado a entender mejor la historia de Dios y creer en ella.

Doy gracias a cada uno en Crossway por haberme ayudado a que este libro fuera posible. Un agradecimiento especial a Justin Taylor, Laura Talcott, Amy Kruis, Angie Cheatham, y Lane y Ebeth Dennis.

Mis compañeros de trabajo en Beeson Divinity School y ahora en Coalición por el Evangelio han afilado mi manera de pensar y modelado mi historia. Es maravilloso trabajar con personas que elegiría como amigos.

Collin Hansen y Gloria Furman me ayudaron pacientemente a elaborar el concepto, la propuesta y el manuscrito para este libro, y Kathleen Nielson leyó un ejemplar temprano e hizo sugerencias bien pensadas.

También doy gracias por los amigos que han caminado conmigo a través de los años en grupos de oración y estudios bíblicos. Han sido excelentes compañeros en la espera.

Gracias a mis padres, hermanos y miembros de la familia extendida que han leído todo lo que he escrito a través del filtro extremadamente sesgado de su amor por mí.

Doy gracias a mi esposo, Bernard, por redirigir mi historia de una manera muy bien recibida. Gracias por alentarme a escribir este libro cuando quise retroceder. Gracias por las muchas horas que pasaste ayudándome a mejorarlo. Gracias por dirigir diariamente mi mirada a nuestro Novio celestial.

# Notas

1. Los muchos ejemplos de las mujeres en distintas etapas de espera que comparto a lo largo del libro son de amigas mías, aunque cambié sus nombres.

2. Andrew Murray, *Waiting on God* (Radford, VA: Wilder, 2008), 64.

3. Sally Lloyd-Jones, *The Jesus Storybook Bible* (Grand Rapids, MI: Zondervan, 2007), 17.

4. Helmut Thielicke, *«The Parable of the Wise and Foolish Maidens», The Waiting Father: Sermons on the Parables of Jesus*, trad. John W. Doberstein (Nueva York: Harper & Brothers, 1959), 176.

5. Para una explicación exhaustiva de la enseñanza bíblica sobre relaciones entre personas del mismo sexo, ver Kevin DeYoung, *¿Qué enseña la Biblia realmente acerca de la homosexualidad?* (Colombia: Ediciones Poiema, 2016).

6. Elisabeth Elliot, *Passion and Purity* (Grand Rapids, MI: Revell, 2002), 66-67.

7. S. Pearce Carey, MA, *William Carey, D. D.: Fellow of Linnaean Society* (Londres: Hodder & Stoughton, 1923), 41.

8. G. K. Chesterton, *«The House of Christmas»* en *Poems* por Gilbert Keith Chesterton (Nueva York: Dodd, Mead, and Company, 1922), 63-64.

9. C. S. Lewis, *Mere Christianity* (Nueva York: Harper Collins, 1952), 135.

10. Augustine, *Confessions*, trad. Henry Chadwick (Oxford: Oxford University Press, 1991), 3.

11. C. S. Lewis, carta a Mary Willis Shelburne, en *The Collected Letters of C. S. Lewis*, 3 vols. (Nueva York: Harper Collins, 2007), 3:776.

12. Vaneetha Rendall, «*When God Does the Miracle We Didn't Ask For*», 8 de febrero de 2014, http://www.desiringgod.org/articles /when-god-does-the-miracle-we-didn-t-ask-for.

13. D. Martyn Lloyd-Jones, *Spiritual Depression: Its Causes and Cures* (Grand Rapids, MI: Eerdmans, 1995), 20.

14. Octavius Winslow, *The Ministry of Home* (Londres: William Hunt & Co., 1867), 355.

15. Betsy Childs, «*Should I Be Content with My Singleness?*», 22 de mayo de 2014, http://www.the gospel coalition.org/article /should-i-be-content-with-my-singleness.

16. D. A. Carson, *Christ and Culture Revisited* (Grand Rapids, MI: Eerdmans, 2012), 64.

# Índice general

# Índice escritural

**Coalición por el Evangelio** es una comunidad de iglesias evangélicas profundamente comprometidas con renovar nuestra fe en el evangelio de Cristo y reformar nuestras prácticas ministeriales para conformarlas plenamente a las Escrituras. Nos hemos comprometido a estimular a las iglesias con nueva esperanza y un gozo apremiante, basados en las promesas recibidas solo por gracia, solo mediante la fe y solo en Cristo.

Deseamos defender el evangelio con claridad, compasión, valentía y gozo, uniendo alegremente los corazones con otros creyentes a través de límites denominacionales, étnicos y de clases. Anhelamos trabajar con todos aquellos que, además de abrazar nuestra confesión y visión teológica para el ministerio, vean el señorío de Cristo sobre toda la vida con una esperanza sin reparos en el Espíritu Santo para transformar individuos, comunidades y culturas.

A través de sus iniciativas para mujeres, Coalición por el Evangelio apunta a apoyar el crecimiento de las mujeres al estudiar fielmente y compartir la Escritura, al amar activamente y servir en la iglesia, y al extender el evangelio de Jesucristo en todos sus llamados.

Únete a la causa y visita TGC.org, para encontrar recursos nuevos que te capacitarán para amar a Dios con todo tu corazón, tu alma, tu mente y tus fuerzas, y amar a tu prójimo como a ti mismo.